Florian Hartleb

PLÄDOYER
FÜR DEN DIGITALEN STAAT
GESTALTEN STATT VERWALTEN

Florian Hartleb

PLÄDOYER FÜR DEN DIGITALEN STAAT

GESTALTEN STATT VERWALTEN

Frankfurter Allgemeine Buch

Frankfurter Allgemeine Buch

© FAZIT Communication GmbH
Frankfurter Allgemeine Buch
Frankenallee 71 – 81
60327 Frankfurt am Main

Umschlag: Anabell Krebs
Satz: Nina Hegemann
Druck: CPI books GmbH, Leck
Printed in Germany

1. Auflage
Frankfurt am Main 2021
ISBN 978-3-96251-092-3

Frankfurter Allgemeine Buch hat sich zu einer nachhaltigen Buch-
produktion verpflichtet und erwirbt gemeinsam mit den Lieferanten
Klimazertifikate zur Kompensation des CO_2-Ausstoßes.

INHALT

Vorwort 7

1. Einleitung: Estlands Ruf als digitaler Trendsetter und
   der neidische deutsche Blick 9
   Was will dieses Buch?. 15
   Modell Estland 2.0? 25

2. Parameter einer gelungenen Digitalisierung 29
   2.1 Disruption in der Wirtschaft 30
   2.2 Bedeutung für das E-Government-System 39

3. Deutsche Besonderheiten und Beharrungstendenzen 44
   3.1 Die Schizophrenie der Digitalisierungsdebatte 45
   3.2 Deutsches Phlegma statt Deutschland digital 49
   3.3 Faxkultur bis zur höchsten Ebene 52
   3.4 Mit Tablet und Trachtenjanker 55

4. E-Estonia – Modell des digitalen Staats mit einer
   digitalen Gesellschaft 60
   4.1 Estland 2020/2021: Die Vorteile digitaler Bildung in
       der Pandemie 70
   4.2 Die Entwicklung des digitalen Staats 74
   4.3 Gesellschaftliche Akzeptanz. 87
   4.4 Datenschutz und -sicherheit. 91
   4.5 Cybersicherheit im Schatten des großen Nachbarn 93
   4.6 E-Voting 95

5. Anwendungsbeispiel E-Gesundheit 100
   5.1 Problemstellung und Relevanz 101
   5.2 Covid-19 im estnischen Gesundheitssystem 108
   5.3 Weniger Anfälligkeit in Krisen- und Pandemiezeiten 110

6. Digitalstrategien als neues „1984"? 113
    6.1 Lehren aus der Pandemie: Trend zum Überwachungsstaat . 114
    6.2 China: Digitaler Überwachungsstaat als Kern- und
        Wachstumsziel 119
    6.3 Totalitäre Erfassung des Einzelnen durch das
        Sozial-Kredit-System 124
    6.4 Die Auswirkungen Künstlicher Intelligenz 129

7. Fazit: Handlungsplan für Deutschland 133

Abbildungsverzeichnis 154

Der Autor 155

Anmerkungen 157

VORWORT

Digitalisierung bietet dem Staat die einmalige Chance, Prozesse zu vereinfachen und sich bürgerfreundlicher auszurichten. Deutschland hat
hier großen Nachholbedarf, wie zahlreiche Studien – manche davon
fast schon fatalistisch – feststellen. Lamentieren nützt aber wenig, eher
konkretes Handeln oder Implementierung. Hilfreich kann es sein, eine
offene Brücke zu schlagen nach Estland im Nordosten Europas, wo
man Digitalisierung bereits seit einer Generation praktiziert. Dort lebt
der Autor seit 2014. Aus eigener Erfahrung zeigt sich, wie weitreichend
sich der Alltag gestalten lässt. Viele Stunden an Bürokratie konnte ich
einsparen, nicht nur bei der Steuererklärung. Das „E" (von Electronic
Government) vollzieht sich ganz unaufgeregt, vor allem wird es von
den Menschen breit angenommen. Deutschland lehrte einst der estnischen Bevölkerung das Lesen und Schreiben, nun muss es in die
andere Richtung gehen. Von Estland können wir das digitale Alphabet
lernen.

Durch den vielfältigen Erfahrungsaustausch mit den deutschen Delegationen, die nach Estland kamen, entstand die Idee zu diesem Buch.
Hierfür bin ich Christoph Eichhorn, dem deutschen Botschafter in Estland (2015–2019) sehr verbunden, der mir durch sein Charisma zeigte,
dass das Thema eben nicht nur IT-Spezialisten angeht, sondern auch
Menschen in Deutschland jenseits von Angst und Datenschutzbeden-
ken begeistern kann. Obwohl das mediale und politische Interesse an
Estland hoch ist, gibt es noch kein explizites Buch zum Thema. Ich
werde die Potenziale und Erfahrungen der digitalen Transformation
möglichst realistisch analysieren und auch einige Schwächen the-
matisieren. Das mag erklären, dass die Gefahren am Beispiel Chinas
und der Überwachungsmechanismen im Zuge der Corona-Pandemie
offen angesprochen werden. Die hier behandelte Digitalisierung dreht
sich um Datensouveränität, Vernetzung und Automatisierung, nicht
um soziale Medien und Online-Kaufverhalten.

Besondere Denkanstöße bekam ich von Priit Alamäe, als Unternehmer ein wahrer Visionär, ebenso von Margus Simson, der erfolgreich das Bankenwesen digitalisiert. Eine Inspirationsquelle in den letzten Jahren war stets der frühere estnische Bildungs- und Verteidigungsminister Prof. Dr. Jaak Aaviksoo. Der Österreicher Prof. Dr. Robert Krimmer, der E-Governance in Estland lehrt, gab mir zahlreiche freundschaftliche Anregungen. Viele Ideen aus den Delegationsreisen sind eingeflossen, vor allem durch Dr. Brigitte Mohn von der Bertelsmann Stiftung. Ein besonderer Dank gilt Prof. Dr. Joachim Wuermeling, Vorstand der Deutschen Bundesbank, der seine Führungskräfte nach Estland brachte und Lernprozesse einleitete. Dass Digitalisierung gerade auch die Kommunen betrifft und interessiert, konnte ich vom Landkreis Miesbach in Oberbayern lernen. Für erste Vorarbeiten bin ich Justus Lenz von der Friedrich-Naumann-Stiftung dankbar. Besonders bin ich Elisabeth Bauer verbunden, die mich in den Jahren als Leiterin der Konrad-Adenauer-Stiftung in den baltischen Ländern begleitet hat. Das gleiche gilt für Tobias Koch, den es als Deutschen ebenfalls nach Estland verschlagen hat. Für wichtige Anregungen bedanke ich mich bei Salina Castle. Teele Holmberg stand mir stets als Impuls- und Ratgeberin zur Seite.

Das Buch soll vor allem Vertrauen bilden. Das braucht es in Deutschland dringend.

Tallinn, im September 2021

1

EINLEITUNG: ESTLANDS RUF ALS DIGITALER TRENDSETTER UND DER NEIDISCHE DEUTSCHE BLICK

„Deutschland digital" ist zu einem Schlagwort geworden, das zumindest in politischen Sonntagsreden mehr und mehr an Fahrt gewinnt. Eine Chefsache der Politik? 2015 etwa äußerte Angela Merkel, deutsche Bundeskanzlerin von 2005 bis 2021, auf einem Wirtschaftskongress: „Es wird alles digitalisiert werden, was digitalisiert werden kann. Wir brauchen ein positives Verhältnis zu Daten."[1] Wer jedoch hinter die Kulissen schaut, erkennt Bedenkenträgerei und Beharrung – und ein drittes „B", nämlich Besorgnis. Auf das Wirtschaftswunder ist Jahrzehnte später kein Digitalisierungswunder gefolgt. Viele verharren in ihren Rollen und bemerken nicht, dass es „die" Digitalisierung nicht gibt, sondern dass sie Teil von uns geworden ist. Als die Digitalisierung kam, hat Deutschland geschlafen. „Please (un-)mute yourself" könnte einem nach Monaten von coronabedingten Videokonferenzen in den Sinn kommen. Eine seltsam übergreifende Stagnation, insbesondere in den Bereichen „Bildung und Gesundheit", rückte nun schlagartig ans Licht, in das Blitzgewitter der täglichen Tristesse hinein. Die Covid-19-Pandemie hat deutlich gemacht: Das vermeintliche Nischenthema der Digitalisierung wurde in Zeiten von Lockdowns so selbstverständlich wie das tägliche Brot.

Es fehlten aber die Zutaten, um das Grundnahrungsmittel bereitzustellen. Der wissenschaftliche Beirat des Bundeswirtschaftsministeriums kommt im März 2021 zu folgendem drastischen Urteil: „Deutschland ist sowohl beim Ausbau der digitalen Infrastruktur als auch beim Einsatz digitaler Technologien und Dienstleistungen hinter viele andere OECD-Staaten zurückgefallen. (...) Die Corona-Pandemie hat den Rückstand Deutschlands bei der digitalen Transformation in vielen Bereichen schonungslos offengelegt. Die Pandemie hat überall dort Defizite aufgezeigt, wo deutsche Institutionen – Verwaltungen, Unternehmen, Schulen, Hochschulen, Gerichte – ihren längst erkannten und ausführlich diskutierten Aufgaben zur Digitalisierung der Abläufe über lange Zeit nicht nachgekommen sind."[2] Die Nachlässigkeit kann sich bitter rächen. Die Pandemie hat die Mängel deutscher Staatlichkeit aufgedeckt. Besonders irritierend: „die altmodisch analog arbeitende Ämterwirtschaft."[3]

Die Potenziale der „res publica" im digitalen Zeitalter werden unzureichend ausgeschöpft, es ist die Rede von einem „schwachen Staat im Netz"[4]. Auf das „Ja-aber-Prinzip" folgt sogleich der Verweis auf den Datenschutz. Dazu kommt, dass es globale Lösungsansätze und Weiterentwicklungen braucht, etwa zur Verhinderung von Cyberattacken in einer Welt, wo in den letzten Jahren autoritäre Muster Auftrieb bekommen haben. Bei Cloud-Lösungen etwa existieren naturgemäß Risiken – weil die Datensouveränität aus der Hand gegeben wird. „Code is law"[5] – es gibt in der digitalen Welt nichts, das „nicht geregelt" ist; der Code – Hard- und Software – bestimmt maßgeblich, wie grundrechtsschützend oder -verletzend die Digitalisierung erfolgt. Hard- und Software sind aber nicht unverwundbar. Im Bereich der 5-G-Technologie stellt sich einmal mehr die Frage, welche Dienstleister vertrauenswürdig sind.

Offenbar fallen kreative Lösungen nicht vom Himmel. Von der Wirtschaftskraft und den finanziellen Möglichkeiten her sollte das Land eigentlich digitaler Klassenprimus in Europa sein. Immerhin hat Deutschland bis heute eine der innovativsten Ökonomien der Welt, besser als Singapur und Südkorea.[6] Auf den Staatsapparat trifft dies jedoch nicht zu: Deutschland gilt längst als rückständig aufgrund anachronistischer und analoger Verfahren, in puncto Breitbandausbau besonders in der Fläche als Entwicklungsland. Im Ausland heißt es mit einem leichten Schmunzeln: „Der Deutsche tickt in Papier." Oder: „In Deutschland ist das Papier sakrosankt." Hier denkt man an den mittlerweile verstorbenen Anarchisten und Anthropologen David Graeber, der ein Buch über die Bürokratie bzw. die Utopie der Regeln verfasst hat. Der US-Amerikaner, als öffentlich wirkender Intellektueller anerkannt, sah die Bürokratie als „Wasser, in dem wir schwimmen". Die Stunden, die ein gewöhnlicher Amerikaner, Brite oder Deutscher damit verbringe, Formulare auszufüllen, wären exorbitant gewachsen. Das Ergebnis sei schlicht, wie der einstige Professor an der Yale-Universität analysierte: Wir denken gar nicht über Bürokratie nach, da es nach ihr eine heimliche Lust gebe. Das gelte selbst an Universitäten, die mit unternehmensbezogenen Managementtechniken und Drittmittelorientierung noch mehr Papierarbeit schaffen.[7] In Deutschland stimmt dieser Befund umso mehr, weil man die traditionellen Strukturen weiterhin aufrechterhält, dabei aber die Messungssysteme US-amerikanischer Couleur zugleich implementiert.[8]

Doch eine Verengung auf Bürokratie wäre im Fall des deutschen Patienten zu kurz gegriffen: Die Hubschrauber der Bundeswehr fliegen nicht. Brücken und Straßen sind marode, vor allem in der „alten" Bundesrepublik. Es ruckelt. In der Fußballsprache würde man vom „Rumpelfußball" sprechen – eine Wortschöpfung, die der „Fußballkaiser" Franz Beckenbauer, als Spieler und Trainer Weltmeister geworden, nach dem kläglichen Ausscheiden bei der Europameisterschaft von 2000 prägte. Selbst in Europa liegt Deutschland nur im grauen Mittelfeld. Dafür sorgt auch die unzureichende Infrastruktur. Vor allem aber lief die Diskussion um den Breitbandausbau zu langwierig – in dem politischen Glauben, ein ehemaliges rein staatliches Telekommunikationsunternehmen könne es richten. Im ICE wackelt das WLAN. Die stolze Autoindustrie tut sich schwer mit dem Elektrozeitalter, holt aber immerhin auf.[9] Hatte der Staat es versäumt, Digitalkompetenz aufzubauen, bedingte die Corona-Pandemie Ad-hoc-Maßnahmen. Die Folgen eines Lockdowns über Monate hinweg machten digitale Dienste von einem Luxusgut („nice to have") zu einer elementaren Notwendigkeit („there is no alternative").[10]

Es ist ein offenes Geheimnis, und ein Praxistest im Alltag zeigt: Vieles funktionierte nicht. Das hat seine Gründe. Der Status quo insbesondere der Verwaltungsdigitalisierung in Deutschland ist höchst unbefriedigend. Mit einer flächendeckend funktionierenden digitalen Infrastruktur für öffentliche Dienstleistungen wäre Deutschland viel besser durch die Corona-Krise gekommen. Die Corona-Krise, ein Daueralptraum mit Varianten, hat die Defizite der Verwaltungsdigitalisierung in Deutschland schonungslos offengelegt. Insbesondere die Gesundheitsämter standen im Kreuzfeuer der Kritik. Die Kontaktverfolgung funktionierte weitgehend mit traditionellen Mitteln. Man griff zu Stift, Papier und Fax. Manch einer fühlte sich an die Flüchtlingskrise vom Herbst/Winter 2015 erinnert, als Verwaltung und Bürokratie mit der hohen Zahl der ankommenden Menschen überfordert waren. Das führte auch zu einem Missbrauch an Sozialleistungen, da sich eine Minderheit mehrmals registrierte. Gerade das föderale System trug hier seinen Teil dazu bei. Das Bundesamt für Migration und Flüchtlinge geriet besonders in die Kritik. Was hat das alles mit der Digitalisierung zu tun? Mit einer digitalen Identität wären Mehrfachregistrierungen nicht möglich gewesen.

Im Bildungssektor war Digitalisierung vor Corona ein Fremdwort, ein Szenario für den digitalen Unterricht existierte nicht. Und in der Verwaltung gab es kein funktionierendes E-Government-System, das es ermöglicht hätte, die Dienstleistungen während des Corona-Lockdowns weiter voll anzubieten. Stattdessen wurde das Angebot der meisten öffentlichen Dienstleistungen de facto eingestellt, beispielsweise in den Berliner Bürgerämtern. Dies führt auch Wochen und Monate nach der Wiederaufnahme der Arbeit nach dem ersten Lockdown im Jahr 2020 zu einem enormen Bearbeitungsrückstau, dessen Ende noch nicht abzusehen ist.

Sommer, Sonne, Bayern – einst der Slogan für eine Wahlkampagne. Doch auf die gewohnte Idylle folgte im Sommer 2020 ein störender Schock: Corona-Tests an den Autobahnen für Reiserückkehrer aus Gründen der öffentlichen Sicherheit. Bayerns Behörden gaben kein gutes Bild ab, da sie offenkundig nicht zeitgemäß arbeiten. Über 44.000 Testergebnisse waren nicht verschickt worden. Manche Urlauber warteten zwei Wochen auf ihre Ergebnisse. Wie viele der 900 positiv getesteten Urlaubsrückkehrer aus Bayern kamen und wie viele aus dem übrigen Bundesgebiet, blieb unbekannt. Gründe für die Verzögerungen waren nach Angaben des Landesamtes für Gesundheit und Lebensmittelsicherheit vor allem die unerwartet hohe Nachfrage und Probleme bei der händischen Übertragung von Daten – die handschriftlich ausgefüllten Formulare sind häufig schwer zu lesen. Die Pannen bei der Erfassung der Corona-Tests hatten ihre Ursache darin, dass Handschriftliches in eine Excel-Tabelle eingegeben wurde. Statt Computer oder Tablets waren nur Klemmblätter mit Excel-Tabellen vorhanden: Die Arbeit mit dem Bleistift in einem Bundesland wie vor 20 oder 30 Jahren, das sich als neues Silicon Valley und Digitalvorreiter[11] versteht, ist grotesk-peinlich.[12] Damit verursacht die mangelnde Digitalisierung Gefahren in der Gesundheitsversorgung. Der Datenschutzbeauftragte des Freistaats Bayern, Dr. Thomas Petri, forderte im Mai 2021 einheitliche IT-Lösungen im Gesundheitsbereich. Langjährig im Amt, da ab 2009 vom Landtag gewählt und 2021 wieder bestätigt, sieht er in der Digitalisierung große Defizite. Gerade an einer einheitlichen IT-Basisinfrastruktur mangele es. Petri konstatiert ernüchtert: „So war es zu Anfang der Covid-19-Pandemie ein gängiges Verfahren, dass die Listen mit Patientennamen, die in einem Testzentrum auf SARS-CoV-2 getestet werden sollten, zwar elektronisch in einer Excel-Tabelle erfasst, dann aber ausgedruckt und per Fax an die jeweils zuständigen Testzentren verschickt wurden."[13] Listen wurden in fehleranfälliger Handarbeit abgetippt. Auch die Kontaktverfolgung durch die Gesundheitsämter (Contact Tracing) sei zu Beginn ausschließlich „von Hand" erfolgt. Das von Petri erkannte Kernproblem lautet, dass es nach wie vor zumeist nur Insellösungen gibt, die keinen Datenaustausch mit anderen Lösungen ermöglichen, mehr noch, stets auf die kurzfristige Abhilfe bei akuten Problemen statt auf nachhaltige Prozessoptimierung und maximalen Informationsfluss ausgerichtet sind. Die Gesundheitsämter schickten bekanntlich die Corona-Testergebnisse per Fax an das bundeseigene Robert-Koch-Institut. Die Kette an Versäumnissen zog sich bis hin zur Organisation der Impfungen und den aus dem Boden gestampften Schnelltestzentren.

Die deutschen Versäumnisse sind erheblich, da kaum Freiheit von Medienbrüchen besteht, also dass einmal digital erfasste Daten für weitere Arbeits- und Geschäftsprozesse weiterverarbeitet werden können. Ein digitales Meldesystem wurde bereits 2016 vom Bundestag beschlossen – weit vor der Pandemie. Im selben Jahr verabschiedete die Christlich Demokratische Union (CDU) Deutschlands, von 2005 an stärkste Regierungspartei und damit maßgeblich den Kurs bestimmend: „Aktuell belegt Deutschland laut einer Studie der EU-Kommission bei digitalen öffentlichen Dienstleistungen Platz 18. Das Ziel des Netzwerkes Digitalisierung ist es, Deutschland zum Vorreiter zu machen und damit die Wettbewerbsfähigkeit des Standorts nachhaltig zu stärken. Wir wollen erreichen, dass Deutschland bis 2021 zum besten öffentlichen Dienstleister im europäischen Vergleich aufsteigt."[14] Doch davon ist Deutschland im Jahr 2021 meilenweit entfernt. Nach wie vor heißt es, der Staat will jetzt digital werden. Ein Plan dafür ist ein neues Gesetz, welches das Bundeskabinett im November 2020 mit dem Titel „Registermodernisierung" beschlossen hat: „Konkret soll es den Behörden ein ‚registerübergreifendes Identitätsmanagement mit einem eindeutigen und veränderungsfesten Ordnungsmerkmal (Identifikationsnummer)' ermöglichen."[15] Doch der Datenschutz macht einmal mehr die Umsetzung schwierig. Ein Kommentar merkt kritisch an, dass es in Deutschland drei heilige Kühe gebe: einst die D-Mark und die Fußballnationalmannschaft. Als letzte „heilige Kuh" halte sich bis zum heutigen Tag der Datenschutz.[16]

WAS WILL DIESES BUCH?

Es soll deutlich machen, dass Digitalisierung ein zentrales Chancenthema ist, gerade wenn der Staat es in die Hand nimmt. Der Staat kann und muss wettbewerbsfähiger werden. Lassen Sie einmal ihre typischen Bedenken wie Datenschutz beiseite und denken den Fortschritt neu und über die Grenzen hinweg. Sie werden erst einmal erkennen, dass hierzulande einiges schiefläuft und sich einige Abwehrreflexe in Luft auflösen. Der Mensch ist ein Gewohnheitstier. Um Misstrauen abzubauen, helfen Anregungen und Erfahrungen aus anderen Ländern. Hier wird Digitalisierung seitens des Staates umgesetzt. Die Bürgerinnen und Bürger haben den Wandel akzeptiert, da er ihren Alltag sichtbar vereinfacht. „Vater Staat" betrifft uns schließlich alle, nicht nur in Krisenzeiten. Wir wollen, dass der Staat gemäß seinem Verfassungsauftrag für den Menschen da ist. Das hat lange sehr gut funktioniert. Das Fundament beginnt aber nun zu bröckeln, weil der Staat mit Antworten auf die neue digitale Welt nicht aufwarten, geschweige denn glänzen kann. Die umständlichen Verfahrensweisen lähmen.

Der Akzent „Estland" soll durch Vertiefung die Debatte beleben. Schließlich geht es um die Frage, ob und wie sich das Modell übertragen lässt, und ob das überhaupt sinnvoll ist. Blockieren der Datenschutz und der Föderalismus als wesentliche Strukturprinzipien einen Transfer? Es folgt der globale Blick, um nachhaltige Digitalisierungsstrategien näher herauszuarbeiten und konkrete Lösungsmöglichkeiten anzubieten. Hier gilt es auch, die neuen Trends wie Künstliche Intelligenz und mögliche Herausforderungen für die Menschenrechte herauszuarbeiten. Schließlich zeigen uns zahlreiche Beispiele, insbesondere aus China, dass Digitalisierung neue totalitäre Muster heraufbeschwören kann. Auch auf diese Gefahren geht das Buch ein. Gerade die Covid-19-Pandemie hat autoritäre Muster, die ohnehin Zulauf bekommen haben, noch einmal verstärkt. Überwachungsstaaten setzen Grundrechte außer Kraft. Welches Menschenbild sollten wir in die Debatte einbringen, um für den deutschen, dann digitalisierten Staat ein Wertefundament 2.0 zu schaffen? Denn dass der deutsche Staat digital werden wird, steht außer Frage. Zu zentral ist Digitalisierung für eine zeitgemäße Daseinsvorsorge geworden. Das soll die Lektüre dieses Buchs verdeutlichen.

Schafft es Deutschland einmal mehr, sich neu zu erfinden? Schließlich gilt der deutsche Weg als global bewunderter Weg des Erfolgs.[17] Ich bin bei einer Bestandsaufnahme der gegenwärtigen Wettbewerbsfähigkeit eher skeptisch. Vom digitalen Staat etwa sind wir gegenwärtig noch weit entfernt. Andere Länder machen es uns vor, wie Fortschritt und Vernetzung gehen. Was mir Sorge bereitet, ist die Tatsache, dass man es längst noch nicht schaffte, eine angemessene Infrastruktur herzustellen, aber noch vielmehr, die Bürgerinnen und Bürger auf die Reise mitzunehmen und von den Vorteilen zu überzeugen. Der deutsche Staat agiert, legt man die letzten zwei Jahrzehnte zugrunde, in allen Bereichen der Digitalisierung eher als Schlafwandler im Modus der Dauermüdigkeit und Depression. Dabei ist der digitale Wandel ein Thema, das uns alle, jeden Bürger, angeht und wachrütteln muss – weit über Technikfreaks und Nerds hinaus –, und eine Haltungsfrage, die sich um wirtschaftliche, politische und gesellschaftliche Neuerungen und deren Verzahnung dreht.

Die Motivation zu diesem Buch lässt sich in zehn Gebote zu einer erfolgreichen staatlichen Digitalisierung zusammenfassen, die alle mit „V" beginnen:

- Verwunderung: Es gibt keinen rationalen Grund, warum sich die führende Industrienation mit Digitalisierung so schwertut. Ein Wettbewerbsnachteil leitet sich davon bereits ab, zumal die Datenmengen exponentiell größer werden.
- Verbesserung: Es gilt dringend, die bestehenden systemischen Mängel abzustellen. Zu viele Projekte wurden in der Vergangenheit in den Sand gesetzt.
- Vertrauen: Gerade im Verhältnis zwischen Staat und Bürger muss eine neue Vertrauenskultur entstehen, die weit mehr umfasst, als Dokumente online zur Verfügung zu stellen. Digitalisierung muss zur staatlichen Kernkompetenz gehören.
- Veränderung(sbereitschaft): Moderne Technologien beherrschen nicht nur die Kommunikation, sondern dringen fast alternativlos in alle Lebensbereiche ein. Gerade deshalb braucht es eine Veränderungsbereitschaft, vor allem auch im Hinblick auf den Datenschutz als Totschlagargument.
- Verantwortung: Der Staat steht nicht nur in der Verantwortung, sondern hat eine solche. Er muss für Transparenz und Sicherheit im Umgang mit persönlichen Daten sorgen. Die Bürgerinnen und Bürger sind auch deshalb skeptisch, da in der Vergangenheit private Konzerne mit Daten Schindluder betrieben haben bzw. immer noch treiben.

- Verunsicherung: Eine solche entsteht durch einen Mangel an Strategie, Vision und Kompetenz. Die Bürgerinnen und Bürger sind generell verunsichert, was die Adaption eines rasanten Modernisierungsschubs angeht. Der Staat muss hier Vorsorge und Fürsorge betreiben.
- Vehemenz: Überzeugungskraft hat derjenige, der für seine Sache „brennt", mit Nachdruck wirbt. Gerade dieser Antrieb hat in der Vergangenheit gefehlt.
- Verzögerung: Ein weiteres Vertagen kann und darf es nicht mehr geben. Ein großer Wurf fällt nicht vom Himmel. Projekte gilt es ab sofort einzuleiten.
- Verzettelung: Das kleinteilige wie kleinkarierte Verzetteln in Kompetenzen und Zuständigkeiten muss aufhören.
- Vogelperspektive: Ein Blick über die Grenzen, insbesondere nach Estland, hilft, Impulse zu bekommen, neue Wege zu gehen und aus guten Beispielen Kraft und Motivation zu schöpfen, gerade mit Blick auf die Diskussion über die Denk- und Herangehensweise.

„Disrupt Yourself" heißt nicht umsonst ein Buch des Journalisten Christoph Keese – „vom Abenteuer, sich in der digitalen Welt neu erfinden zu müssen." Sein Appell unter dem Eindruck von seinen Recherchereisen ins Silicon Valley: „Als Gesellschaft wollen wir bitte verstehen, dass Digitalisierung nicht mehr das Werk einzelner Kapuzenpulli-Träger aus Kalifornien ist. (...) Wir sind umringt von einer riesigen, amorphen, unübersichtlichen Masse an Innovatoren, die das Alte in rasender Geschwindigkeit durch das Neue ablösen möchten. In allen Branchen übersteigt die Summe des in Start-ups investierten Wagniskapitals bei Weitem die Summe des Forschungs- und Entwicklungsbudgets traditioneller Firmen."[18]

Das Gefühl der Rückständigkeit wird durch zahlreiche Vergleichsbarometer belegt. Die Zeiten ändern sich in einem atemberaubenden Tempo. Der Otto-Katalog wurde eingestellt, nun auch der IKEA-Katalog – letzterer nach 70 Jahren. Im auflagenstärksten Jahr 2016 waren weltweit rund 200 Millionen Exemplare des IKEA-Katalogs in 69 verschiedenen Versionen und 32 Sprachen in mehr als 50 Ländern vertrieben worden. Nach Angaben des Unternehmens war der Katalog die weltweit meistgelesene Publikation nach der Bibel. Nun also die Zäsur, die im „Handelsblatt" folgendermaßen begründet wird: Das Kundenverhalten und der Medienkonsum hätten sich gewandelt. Beide Kataloge haben die Briefkästen der Bundesbürger gefüllt.[19] Auch hier zeigt sich der Wandel, der allgemein als disruptiv, also „etwas Bestehendes auflösend" beschrieben wird. Fax und Flops bei der Gesundheitskarte und beim elektronischen Personalausweis statt Fortschritt: Die digitale Verwaltung in Deutschland wird seit Jahren gebetsmühlenhaft versprochen und gefordert Praktiziert wird sie allen Beteuerungen und wohlfeilen Sonntagsreden auf Innovationsgipfeln und -kongressen zum Trotz nicht. Anders gesagt, Digitalisierung ist eine Sprachhülse, wie die Bloggerin und Digitalexpertin Anke Knopp kritisch festhält: „Viele Redner insbesondere aus Politik und Verwaltung blenden ihre Zuhörer aus reiner Selbsterhaltung: Sie führen diese zumeist englischen Sprachhülsen zu digitalen Trends im Wortschatz, bleiben aber in ihrem Arbeitsalltag als Entscheider analog. Bloß nicht den Eindruck erwecken, man hätte sich diesem Thema noch nicht gestellt."[20] Zumal eine Last schwer auf den Schultern liegt: Staatliche, teuer eingekaufte Projekte, etwa die Gesundheitskarte oder digitale Bildungsplattformen wie in Baden-Württemberg, scheitern. Eine kritische Frage muss erlaubt sein: Was bewirken die zahlreichen Beraterverträge in den Ministerien von der Verteidigung bis zum Verkehr?

Ein Mitarbeiter in einem Landratsamt in Baden-Württemberg drückte in einer Diskussion im November 2020 seinen Frust aus, als ich über Möglichkeiten und Chancen der Online-Verwaltung referierte. Aus ihm platzte es förmlich heraus. Es gehe doch alleine darum, den gordischen Knoten der Verhinderung endlich zu zerschlagen. Sonst gebe es keinen Fortschritt, und wir diskutieren in 10, 20 Jahren immer noch die gleichen Fragen, die wir bereits seit 10, 20 Jahren diskutieren. Hunderte Mal wurde die digitale Verwaltung versprochen, ist aber durch die Datenschutzbehörden einkassiert worden. Es sei zum Verzweifeln, wenn sämtliche

Lösungen unter Verweis auf den Datenschutz im Papierkorb verschwänden. Die öffentliche Verwaltung mache einfach so weiter, als wäre nichts geschehen. Dabei sei die Veränderung der Ausbildung, Berufe, Geschäftsmodelle und Kommunikationswege überall mit den Händen zu greifen.[21] Ähnliches kommt von einem früheren Ministerialdirigenten aus dem Freistaat Bayern, den ich vor fünf Jahren kennengelernt habe, als er eine hochrangige Delegation anführte und nach Estland kam. Ich unterhielt mich mit ihm länger in der Deutschen Botschaft. Mittlerweile ist er Präsident des Wirtschaftsbeirats Bayern. Im Mai 2021 kommentierte er einen Vortrag von mir ernüchtert. Das estnische Modell sei sehr weit weg. In den letzten Jahren habe sich nur wenig getan. Vielleicht werde die Pandemie ja nun ein Weckruf.[22]

In der Tat gibt es rund 2.500 Verwaltungsdienstleistungen in Deutschland. Etwa 400 Millionen Stunden verbringen die Deutschen jedes Jahr mit Behördenangelegenheiten. Dennoch stockt es. Es gab das Programm „BundOnline", es gab „Deutschland-online", nun heißt es „Deutschland Digital" (DD); es gab zahllose kostspielige Initiativen und Konferenzen, Projekte über Projekte, Papier über Papier. Warum aber mit nur so wenig Folgen und Implementierungen? Warum wird Deutschland durchaus polemisch ein Dornröschenschlaf attestiert? Warum gilt Digitalisierung oft noch als reines IT-Feld?

Als ich im Jahr 2016 den Stand der Digitalisierung in Bayerns Verwaltung ermittelte, mich durch die Verwaltungen, 74 Landkreise und Behörden telefonierte, stellte ich große Skepsis fest. Als ich bei den Behörden anrief und vermittelt werden wollte, um eine anonymisierte Befragung zur Digitalisierung durchzuführen, bekam ich immer dieselbe Antwort. „Da verbinden wir Sie mit dem IT-Menschen". Ich antwortete, ich möchte gerne variieren. Digitalisierung sei ein Thema für jede Abteilung, von der Freizeit über das Vorzimmer des Landrats oder Oberbürgermeisters bis hin zur Personalabteilung. Das Staunen der Gesprächspartner war groß.

Die zentrale These dieses Buchs lautet: „Digitalisierung" ist keine Sache für Nerds, sondern ein zentrales Element einer aktuellen, zeitgemäßen Daseinsvorsorge des Staates und der Verwaltung. Ob wir wollen oder nicht, ob wir uns sträuben oder nicht: Staat wie Gesellschaft entwickeln sich entlang der technologischen Anforderungen und Kapazitäten. Digitalisierung ist längst kein Zukunftsthema mehr, sondern rasant im Hier und Jetzt angekommen – in Politik, Verwaltung, Wirtschaft und Gesellschaft. Deutschland sah bisher den Wald vor lauter Bäumen nicht. Die stolze, wohlstandssaturierte Industrienation machte es sich im Gestern bequem und vergaß das Morgen, was die Transformation des öffentlichen Sektors im virtuellen Zeitalter betrifft. Viel Potenzial wurde verschenkt – sieht man von Blockaden aus Datenschutzargumenten einmal ab. Offenbar drangen die zahlreichen Ratgeber und Roadmaps nicht durch, obwohl die Beraterrepublik[23] großgeschrieben wird. Gegenüber dem Digital-Kapitalismus, der auf einer Ausbeutung von persönlichen Daten beruht, und der global agierenden Zertrümmerung lokaler Geschäfts- und Lebenswelten ist gerade der Staat in der Pflicht.

Was vielfach nur überlegt worden war, realisierte sich dann doch unter den Zwängen der Covid-19-Pandemie, eine bleierne Zeit ohne schnelle Exit-Strategie, innerhalb von wenigen Wochen: Homeschooling, Homeoffice, flexible Arbeitszeitmodelle und Videokonferenzen. Doch bringt der „alternativlose" Zwang auch einen Digitalisierungsschub durch die Güter „Vertrauen und Transparenz"? Skepsis ist angebracht, wenn es weiterhin am Mut zur Veränderung mangelt. Es fehlt (immer noch) an Offenheit und Neugierde für die neuen technischen Möglichkeiten. Stattdessen soll es ein groß angelegter Plan richten, der nicht kommen kann und wird und nicht auf der grünen Wiese entsteht. Oftmals bleibt der Eindruck, Digitalisierung sei „eine übermächtige Wunderwaffe, eine eierlegende Wollmilchsau in Form eines Perpetuum mobile. Doch Digitalisierung ist kein magischer Wunschbrunnen. Sie macht nicht automatisch alles gut."[24] Vor allem muss alles plötzlich sofort geschehen. Die Ausgangssituation hat etwas von einem winterlichen Kaltstart: Deutschland hinkt im internationalen Vergleich hinterher, was die Infrastruktur, aber auch das E-Government und einzelne Politikbereiche, insbesondere „Gesundheit" und „Bildung", betrifft. Die Regierung hat keine Daten erhoben, etwa was die ärztliche Versorgung in den Gesundheitsämtern betrifft. Das hat sich während der Pandemie bitter gerächt. Einmal mehr musste man mehr oder weniger unvorbereitet reagieren.

„Digitaler Erfolg" hängt nicht zuletzt davon ab, wie man Digitalisierung versteht und welche Ziele mit der Digitalisierung verfolgt werden. Vor allem fehlt es an einer sektorübergreifend nutzbaren Online-Ausweisfunktion (eID-Lösung). Weder konnten sich die Online-Funktionen des Personalausweises noch elektronische Signaturen durchsetzen. Bei knapp der Hälfte der aktuell rund 62 Millionen eID-fähigen Personalausweise sind die Online-Ausweisfunktionen nicht aktiviert (Stand Oktober 2020). Eine übergreifende Authentifizierungsoption, welche einen Zugang sowohl zu privatwirtschaftlichen wie auch zu öffentlichen Diensten ermöglicht, ist auch nicht in Sicht.[25]

Immer noch gibt es viele Funklöcher, gerade im ländlichen Raum. Beim Ausbau des 4G-Mobilfunknetzes gehört Deutschland zu den Schlusslichtern in Europa. Dabei sind wir mittlerweile längst bei 5G angekommen.[26] „Deutschland spricht über 5G" heißt eine im Dezember 2020 angestoßene Dialogoffensive der Bundesregierung. Schnelles Internet soll es überall geben, nicht nur in der Stadt, sondern auch in ländlichen Räumen.[27] Auch hierzulande ist die Botschaft: Schnelles Internet ist standortentscheidend. Vor allem fehlt es an der Interoperabilität der Systeme, also der Möglichkeit, verschiedene Systeme miteinander zusammenzuführen. Im Laufe der Jahre sind zudem durch den Einsatz unterschiedlicher IT-Systeme unzählige Datensilos – also die Speicherung von Daten, auf die nur eine Abteilung Zugriff hat – auf allen Verwaltungsebenen und in zahlreichen Behörden entstanden. Wichtige Schnittstellen fehlen. Daten werden in diversen Rechenzentren gelagert, und IT-Systeme von unterschiedlichen IT-Dienstleistern betreut. Der Staat erlag lange dem

Irrglauben, bei den Folgen der Digitalisierung würde es sich allein um eine lineare Fortschreibung vorhandener analoger Prozesse handeln. Das heißt in der Praxis: Vor allem die strenge datenschutzrechtliche Zweckbestimmung hat es in der Vergangenheit verboten, Daten aus unterschiedlichen Quellen wie zum Beispiel aus Einwohnermeldeamt, Polizei, Schul- und Sozialämtern miteinander zu verbinden.

Im Zeitalter der Globalisierung und einer neuen Unübersichtlichkeit ist Deutschland ein Wettbewerbsnachteil entstanden. Andere Länder gerade in Nordeuropa sind hier viel weiter, wie vergleichende Studien zum E-Government, zum Breitbandausbau und zur digitalen Bildung zeigen. Betroffene Unternehmer klagen ihr Leid. Es zeigt sich, dass der digitale Wandel ganz unaufgeregt und geräuschlos vollzogen werden kann. „Just do it", nach dem berühmten Nike-Werbeslogan. Wer aber auch in Zukunft Einzellösungen mit isolierten Daten betreibt, wird den Anschluss verlieren. Der Staat läuft Gefahr, seine Aufgabe, dem Gemeinwohl zu dienen, nicht mehr vollumfänglich erfüllen zu können. Immerhin sollte der Grundsatz gelten: „Der Staat ist für den Menschen da."

Dabei hat die Bundesregierung hehre Ziele, wie sie im Zuge einer im November 2019 gestarteten Kommunikationsstrategie selbst verlautbart: „Leistungsfähige Infrastrukturen sind Lebensadern unserer Gesellschaft. Dazu zählen besonders digitale Netze. Sie sind Voraussetzung dafür, dass die Bürgerinnen und Bürger sowie die Unternehmen und die öffentlichen Verwaltungen die Chancen des digitalen Wandels für sich nutzen können – in den Städten und im ländlichen Raum. Ziel ist eine Anbindung für alle – von überall und zu jeder Zeit. Die besondere Bedeutung und Verletzbarkeit digitaler Infrastrukturen erfordern Sicherheit und besonderen Schutz."[28] Und es heißt sogar unter der Rubrik „Moderner Staat": „Alle Verwaltungsleistungen sind digital."[29] Doch Anspruch und Wirklichkeit trennen Welten. Ulrich Sarcinelli, ein führender Kommunikationswissenschaftler in Deutschland, kommt zu dem Urteil, dass „die Verunsicherung auf staatlicher Seite, was den Umgang mit den digitalisierten Kommunikationsräumen anbelangt, hierzulande noch ziemlich groß (sei)."[30] Dabei hat der Deutsche Bundestag über Jahre und Jahrzehnte eine Reihe von Enquete-Kommissionen zu Fragen der Digitalisierung in Gang gesetzt, zuletzt etwa die Enquete-Kommission „Internet und digitale Gesellschaft"[31] oder zur „Künstlichen Intelligenz".[32] Die Bundesregierung hat zudem einen Digitalrat eingerichtet. Sie lässt sich von Wissenschaftlern und Unternehmern Nachhilfe geben. Offiziell heißt das, dass die richtigen Fragen gestellt werden sollen, auch unbequeme.[33] Ist das aber wirklich der Fall – und gibt es auch Antworten, die umgesetzt werden? Die Corona-Krise, in der soziale Kontakte zur Gefahr und Heimarbeit zur Regel geworden sind, Schülerinnen und Schüler zu Hause bleiben mussten, zeigt eine ganz neue Dimension der Relevanz des Themas „digitale Vernetzung" auf. Die Folgen könnten einen „digitalen Ruck" ermöglichen. Das wird auch bereits im Bereich Schule diskutiert. Die Deutsche Welle etwa beklagte, dass Deutschland etwa hinter Nordeuropa weit zurückliegt.[34]

Kurzum: Es gilt, was der Nationale Normenkontrollrat – er wurde 2006 gegründet und berät die Bundesregierung – in einem Gutachten vom November 2015 verlautbaren ließ: „Wirksames E-Government gibt es in Deutschland de facto nicht. Wir haben in Deutschland eine heterogene und zerklüftete IT- und E-Government-Landschaft mit vielen Insellösungen und einsamen Leuchttürmen." Das Gutachten wies nach, dass von den untersuchten Kommunen die Hälfte nicht mehr als zwei Online-Dienste zur Verfügung stellt und nur wenige mehr als zehn. Bund, Länder und Kommunen entwickeln und betreiben eigenständige IT-Lösungen, anstatt gemeinsame Komponenten zu verwenden. Die Kosten dafür belaufen sich bei Bund, Ländern und Kommunen auf jährlich 13 Milliarden Euro. Demgegenüber steht eine sogar rückläufige Akzeptanz bei den Nutzern.[35] Im Oktober 2020 kam der Normenkontrollrat in seinem 108-seitigen Jahresbericht „Krise als Weckruf" zu einem vernichtenden Ergebnis. Die Pandemie habe den erheblichen Rückstand bei Digitalisierung und Verwaltungsmodernisierung auf allen staatlichen Ebenen schonungslos offengelegt. Wörtlich heißt es: „Verzögerungen durch Infektionsmeldungen per Fax wären beispielsweise vermeidbar gewesen. Durch Registermodernisierung und digitale Unternehmenskonten hätte der Staat zudem dem Missbrauch der wirtschaftlichen Soforthilfen vorbeugen können. Derweil geht die Umsetzung des Onlinezugangsgesetzes noch viel zu langsam voran – dabei wären digitale Verwaltungsverfahren gerade jetzt dringend nötig."[36] Nun soll eine einheitliche Bürgeridentifikationsnummer das E-Government voranbringen, nachdem im März 2021 ein dementsprechendes Gesetz im Bundesrat angenommen wurde. Trotz der Widerstände wurde hierfür die Steuer-ID gewählt.[37]

MODELL ESTLAND 2.0?

Erst einmal soll Grundlegendes erläutert werden. Was meint Digitalisierung überhaupt, worin besteht die Verzahnung zwischen Wirtschaft und Staat, und warum sprechen alle von Disruption? Faktoren für ein erfolgreiches E-Government, das mit den Werten der liberalen Demokratie in Einklang steht, werden herausgearbeitet. Im folgenden Kapitel soll es darum gehen, worin Deutschlands Defizite im Einzelnen bestehen. Anschließend geht die Reise nach Estland, ein Land, das als Taktgeber in der Debatte gilt. Oder umgekehrt: Peter Altmaier sprach als Bundeswirtschaftsminister im April 2021 davon, ein Team aus Estland einfliegen zu lassen. Man bräuchte Hilfe bei der Digitalisierung.[38] Woran liegt das? Ist der Ruf begründet? Was lief richtig und was falsch? Die Bereiche der Bildung und Gesundheit werden dabei genauer beleuchtet, auch, weil es in Deutschland dort momentan viel Gesprächs- und Lösungsbedarf gibt.

Funktionierende Modelle entdeckt in der Tat, wer über den nationalen Tellerrand hinausschaut, den Blick über die Grenzen wagt. Längst richtet sich der Blick nicht mehr nur zum Silicon Valley, sondern gen Osten und Norden. Gerade Estland wird oftmals als digitaler Trendsetter angesehen und durch Branding und Positionierung vonseiten der Politik als Leuchtturm betrachtet. Woher also der ständige Verweis auf den ehemaligen Ostblockstaat, der wider Willen Teil der Sowjetunion war und 1991 ohne Kapital und Infrastruktur unabhängig wurde? Das dünn besiedelte Estland, das mit 1,3 Millionen Menschen weniger Einwohner als München hat und die Fläche von Niedersachsen umfasst, gilt als Ideen- und Talentschmiede. Im Land wurde Skype erfunden, der Staat ist vollständig digitalisiert. Man fing vor einer Generation an, den Alltag der Menschen zu vereinfachen – ein Prozess, der bis heute läuft. Die estnischen E-Services sind in den Bereichen E-Government, Bildung und Gesundheit vielbeachtete Rollenmodelle. Es ist möglich, den elektronischen Personalausweis und zwei weitere handybasierte eID-Lösungen zusammen für etwa 750 Online-Dienste der öffentlichen Verwaltung, der Privatwirtschaft und des Gesundheitssektors zu nutzen.[39] Der Autor dieses Buchs lebt selbst seit April 2014 in der estnischen Hauptstadt Tallinn und nimmt den digitalen Staat auch als Bewohner wahr. Wenn Esten nach Deutschland reisen, fühlen sie sich wie vor 20 Jahren. „Deutschland ist wie Venedig", meint Siim Sikkut, einer der Pioniere der staatlichen estnischen Digitaloffensive: Das Land erinnere ihn an ein Museum, ein Besuch in Deutschland sei für ihn ein „surreales Erlebnis". Was ihn irritiere? Dass vielerorts nur Bargeld akzeptiert werde. Das geringe Vertrauen in den Staat. Die geringe Bereitschaft, Dinge auszuprobieren, einfach irgendwo anzufangen, etwaige Mängel im Betrieb zu beheben. Diese Art zu leben müsse man sich leisten können, meint Sikkut lächelnd. Das sei „ein Luxus, den Estland nicht hatte".[40] In Deutschland etwa gilt die vorausgefüllte Steuererklärung als Zauberwort, in Estland wird diese längst praktiziert.

Das Land steht für Start-up-Kultur und die Idee der Überschreitung von (nationalen) Grenzen, da es den digitalen Staat global geöffnet hat und nun eine gemeinsame öffentliche Verwaltung mit dem Nachbarland Finnland praktiziert. Diese löst praktische Fragen, da Esten wegen des immer noch vorhandenen Lohngefälles in Finnland arbeiten, etwa auf dem Bau, und Finnen umgekehrt in Estland Urlaub machen. Die nahe kulturelle Bindung ergibt sich schon aus der Sprachverwandtschaft, als

Teil der finnugrischen Sprachfamilie. Esten und Finnen können sich miteinander verständigen. Die digitale Vernetzung bietet nun praktische Vorteile: Wer in dem einen Land zum Arzt geht, kann im anderen ein Rezept in der Apotheke einlösen. Tallinn ist von Helsinki 82 Kilometer entfernt, mit der Fähre lässt sich zwischen den beiden Hauptstädten der kleinen Länder problemlos pendeln. Gleichwohl stellen sich auch kritische Fragen, etwa nach dem Datenschutz, wobei die Datenschutzgrundverordnung (DSGVO), eine neue Standardisierung für die Mitgliedsstaaten der Europäischen Union, auch dort gilt.

Weil sie genervt ist von dem ständigen Hinweis, wie weit Estland Deutschland in Sachen Digitalisierung voraus ist, steht ein Phrasenschwein im Büro von Dorothee Bär, die in der Legislaturperiode von 2017 bis 2021 im Bundeskanzleramt für Digitalisierung zuständig war: Wer das E-Wort sagt, also Estland erwähnt, muss zahlen.[41] Eine humorvolle Note: Bär erwähnt Estland selbst als Vorbild. Angeblich habe man dort immens in Digitalisierung investiert und musste sich nach der Unabhängigkeit von Russland lösen.[42] Beide Aspekte erfüllen nicht die Kriterien eines Faktenchecks. Und – ist Deutschland Digital (DD) nicht auch eine Phrase?

Bär selbst argumentiert, dass hierzulande alles viel zu langsam gehe. Der Datenschutz etwa stecke im 20. Jahrhundert fest. Der Staat müsse Vorreiter sein, Behörden müssten endlich so vernetzt werden, dass Bürger nicht Stunden auf Ämtern vergeudeten, nur um sich zum Beispiel umzumelden.[43] Und: Estland hatte kaum finanzielle Ressourcen. Digitalisierung wurde als zentrales Gegenwarts- und Positionierungsthema gesehen, mit der Folge, dass das Land uns eine Generation voraus ist. Die deutsche Bundeskanzlerin Angela Merkel (2005-2021) sprach bei einem Besuch in Tallinn im August 2016 davon, dass man „neidisch werden könne". Deutsche Beamte in den Ministerien sollten nach Estland kommen und sich dort einarbeiten. Deutschlands Industrie 4.0. sollte mit Estlands Regierung 2.0 eine nützliche Allianz bilden.[44] Der ständige Verweis auf das „gallische Dorf" mit Asterix und dem Zaubertrank kommt also nicht von ungefähr. Estland ist – wie bereits erwähnt – in der jüngsten Pisa-Studie auf Platz eins in Europa, während Deutschland im grauen Mittelmaß verweilt. Schulmaterialen stehen online bereit, da sie seit Jahren in Lernplattformen eingepflegt werden müssen. Tobias Hans, der junge saarländische Ministerpräsident, ließ verlautbaren, das Saarland soll das Estland der Bundesrepublik werden, sich also zum Vorreiter in der Digitalisierung aufschwingen. „Mehr Estland wagen", twitterte er.[45] Der in der niedersächsischen Landesregierung für Digitalisierung zuständige Staatssekretär Stefan Muhle führte 2019 und 2020 Veranstaltungen durch mit dem Titel „Von den (B)Esten lernen". Die Kleinpartei Volt plakatierte bei der Kommunalwahl 2020 mit „Digitale Verwaltung wie in Estland?"

2

PARAMETER EINER GELUNGENEN DIGITALISIERUNG

2.1 DISRUPTION IN DER WIRTSCHAFT

Dass es in Gesellschaft, Staat und Wirtschaft kein Zurück mehr in die analoge Welt vor Corona geben wird, zeichnet sich als eine der wichtigsten Langzeitwirkungen der Pandemie schon heute ab. Immer wieder war bereits zuvor von der digitalen Revolution die Rede, da das „Internet der Dinge und Dienste" ganz zentral Mensch und Maschine miteinander vernetzt. Nebenwirkungen und ethische Fragen bleiben nicht aus, wenn sich das „Internet of Things" zum „Internet of Everything" verwandelt, mit dem hohen Preis, zum gläsernen Menschen zu werden.

Die Bedeutung der Digitalisierung kann nicht hoch genug eingestuft werden. Sie hat einen ebenso großen Einfluss auf unsere Lebens- und Arbeitswelt wie einst die Industrielle Revolution. Ebenso wie diese vor 200 Jahren in die Industriegesellschaft führte, sprechen wir jetzt von Digitaltechnik und Automatisierungsprozessen bis hin zur Künstlichen Intelligenz. In sämtlichen Bereichen, besonders bei Zahlungsdienstleistungen, Automobilität, Handel, Gesundheit und Bildung, werden neue Potenziale wie Wachstumschancen ausgelotet.[46] Immer wieder stehen Befürchtungen im Raum, dass dabei Arbeitsplätze wegfallen, da menschliche Arbeitskraft in diesen Bereichen überflüssig werden könnte oder wird. Für Aufsehen sorgte etwa eine Oxford-Studie von 2013, die davon ausgeht, dass in den nächsten 25 Jahren 47 Prozent der Jobs auf der Welt verschwinden werden.[47] Wie die Erfahrungen vorangegangener „technischer Revolutionen" zeigen, muss damit aber kein Rückgang der Beschäftigung oder gar ein Ende der Erwerbsarbeit verbunden sein. Ein grundsätzlicher Wandel des Arbeits- und Erwerbslebens lässt sich jedoch nicht aufhalten.

Sinnvoll eingesetzte digitale Technologien erlauben Staat und Bürger, auf neue Weise miteinander in Austausch zu treten. Herkömmliche Hierarchien werden ausgehebelt, Traditionen und Strukturen stehen auf dem Prüfstand. Längst leben wir in einer „On-Demand"-

Gesellschaft, die im Takt von Klicks funktioniert. So erwarten wir, dass digitale Shops ebenso wie Medien in höchster Geschwindigkeit alles anbieten, was uns interessiert. Der Erfolg des Streamingdienstes Netflix etwa gründet sich darauf: ein globaler Fernsehsender, der fast täglich mit neuen Serien lockt, Thriller und Action verspricht und über Big Data zielgruppengerecht alle Geschmacksgruppen bedienen kann. So identifizierte der Weltmarktführer fast 2.000 Mikrogruppierungen, in die ein Nutzer fallen kann.[48] Die GAFAM – Google, Apple, Facebook, Amazon und Microsoft – stehen nicht nur für eine Machtkonzentration im Technologischen, sondern auch für eine Monopolisierung im Bereich unserer Daten – quasi die „apokalyptischen Reiter" von heute. Der Börsenwert der GAFAM beträgt mehr als 5,5 Billionen Dollar und ist damit höher als das Bruttoinlandsprodukt jedes EU-Mitgliedsstaats.

Wie entstehen überhaupt Online-Informationen im Ökosystem des Webs? Der französische Soziologe Dominique Cardon sieht als Erfolgsformel und nachhaltiges Businessmodell vier Typen:

	Neben dem Web (Klicks)	Oberhalb (Autorität von Websites etc.)	Innerhalb des Webs	Unterhalb (Navigation)
Beispiele	Publikumsberechnung, Google Analytics	PageRank, Wikipedia	Facebook, Twitter, Instagram etc., neue Mechanismen der öffentlichen Meinung	Amazon, andere Dienstleister wie booking.com
Daten	Views	Links	Likes	Verhaltensprofil
Menschen	Stichproben	Abstimmung	soziale Netzwerke, erklärte Vorlieben via Postings, Sympathieverhalten	Antizipation eines individuellen Verhaltens
Form der Berechnung	Abstimmung	Klassifizierung und Ranking	Benchmarks (ständiger Vergleichsmaßstab)	Maschinenlernen
Logik	Popularität	Autorität	Reputation, Ego, Finden der Beachtung, sozialübergreifende Funktion	Prognose

Tabelle 1: Entstehung von Online-Informationen (Überarbeitung des Autors, basierend auf Cardon 2017: 133[49])

Aus der wirtschaftlichen Stärke ist immer mehr auch eine politische Macht geworden. Um dieser Machtverschiebung im Staatsgefüge Rechnung zu tragen, bedarf es einer Neuausrichtung staatlicher Kommunikation, interdisziplinärer Kooperation und auf Vertrauen und staatlicher Digitalkompetenz basierender Neuverteilung von Aufgaben. Was sagt uns das technisch-wirtschaftliche Paradigma unserer Zeit? Der Beamtenstaat, der sich im 19. Jahrhundert entwickelt hat, muss sich mehr und mehr nach Kundenbedürfnissen ausrichten. Erfolgreiches E-Government bringt den Staat in die Rolle des Pioniers, Entwicklers und Betreibers, der dafür sorgt, dass die digitale Identität besteht und geschützt wird. Damit wird die Frage des Vertrauens zur zentralen Kategorie – eine Herausforderung insofern, als Datenmissbrauch und Hackerangriffe zurecht öffentlich breit diskutiert werden. Gerade deshalb ist es wichtig, dass die Bürgerinnen und Bürger die Datensouveränität behaupten. Hier stellt sich die Frage nach agilen, also anpassungsfähigen Plattformen.

Für immer mehr Menschen ist das Smartphone ein Teil ihrer Lebensgestaltung geworden, als „Herzschrittmacher"[50], der in 24-Stunden-Begleitung die gesamten Bewegungs- und Datenspuren des Konsumenten begleitet. Auch in Deutschland steigt die Nutzung drastisch an, weshalb mobile Lösungen deutlich an Relevanz gewinnen. Auf der anderen Seite ist eine Rückläufigkeit beim Gebrauch des Internets über Notebooks und Desktopgeräte zu verzeichnen. Staatliche Dienstleistungen sollen den Bürgern dienen, dafür sind sie ja da. Wenn privates Einkaufen mit ein paar Klicks funktioniert, warum soll ich dann für eine Geburtsurkunde extra ins Rathaus laufen? Behörden könnten alles anbieten, was Bürger brauchen. Krisen wie die Corona-Pandemie haben dafür gesorgt, dass die Digitalisierung auch an den Schulen und Universitäten verstärkt Einzug gehalten hat. Wie im privaten Sektor geht es um sichere Authentifizierung, da sonst kein Vertrauen hergestellt werden kann. Immerhin kann Technologie dazu benutzt werden, um Identität zu stehlen. Hier kommen gerade die sogenannten Deep Fakes ins Spiel, also audiovisuelle Filme, die mithilfe Künstlicher Intelligenz produziert werden. Sie spiegeln uns eine Realität vor, die nicht existiert, aber deren Konsequenzen real sein können.

Kommen wir aber erst einmal zur Frage, seit wann wir von Digitalisierung sprechen, mehr noch, was Digitalisierung eigentlich meint. Rein technisch geht es darum, dass Informationen in einer binären, durch die Zahlen Null und Eins ausdrückbaren Form gespeichert, verarbeitet und weiterkommuniziert werden. Der Begriff „Digitalisierung" ist mittlerweile arg strapaziert. Jeder versteht unter dem Thema Digitalisierung etwas anderes. Fest steht gleichwohl: Digitalisierung hat das Potenzial, näher am Menschen zu sein. Das betrifft etwa auch die Möglichkeit, Roboter als Hilfe für demenzkranke Menschen einzusetzen. Die Ursprünge des Begriffs reichen weit in das 20. Jahrhundert zurück. Als Durchbruch des neuen digitalen Zeitalters wird oft das Jahr 2002 genannt, in dem es erstmals möglich gewesen sein soll, mehr Information digital zu speichern als analog. Seither nimmt die Datenmenge exponentiell zu. Nach einer Faustregel verdoppelt sich das Volumen alle zwei Jahre.[51] Prognosen zufolge soll das weltweite Datenaufkommen bis zum Jahr 2025 auf ganze 175 Zettabytes (das ist eine 175 mit 21 Nullen) anwachsen. Zur Einordung: Speicherte man diese Datenmenge auf herkömmliche DVDs, würde der Stapel mit Datenträgern 23-mal die Entfernung zwischen Erde und Mond übertreffen.[52]

Smart, disruptiv und innovativ – das sind die mittlerweile leicht abgedroschenen Adjektive im Dreiklang, die in unseren momentanen Veränderungsdiskussionen dominant geworden sind. Der Soziologe Armin Nassehi schreibt in seinem Buch „Theorie der digitalen Gesellschaft": „Moderne erscheint uns stets als Generator von Unübersichtlichkeit. Aber womöglich ist es die Digitalisierung und die Herausforderung von Datensätzen, von Big Data, von elektronischer Informationstechnik, die den Blick auf die Moderne schärft, denn ohne Zweifel ist die Digitalisierung eine Störung der Routinen der Moderne."[53] Digitalisierung erfordert deshalb mehr, als einfach in Technik zu investieren, in Server, Apps, Software, virtuelle Realität und E-Shops.

Viele Bereiche sind angesprochen. Deshalb kommt es nicht von ungefähr, dass man also unter dem Sammelbegriff „Digitalisierung" Unterschiedliches versteht. Während sich der eine freut, dass er Bestätigungen per E-Mail bekommt oder die sozialen Medien nutzt, machen sich andere Gedanken, welche Auswirkungen „Künstliche Intelligenz" auf die Gesellschaft und den Menschen selbst haben wird. Denken die einen bei Digitalisierung an Computer und Roboter, sehen andere darin eine elementare Kulturveränderung und eine damit verbundene Transformation oder gar Revolution, die alle Bereiche unseres Denkens und Handelns erreichen wird. All das ist wahr und kann jeweils als Teilbereich der Digitalisierung gesehen werden. In erster Linie geht es um Vernetzung, also um das Ziel, „denkende Systeme" zu schaffen, die selbstständig lernen und selbständig Lösungen schaffen. Stand Digitalisierung also im ausgehenden 20. Jahrhundert für eine *Automatisierung* von Prozessen, geht es inzwischen vor allem um eine *Autonomisierung* von Prozessen.[54] Wir erleben gerade eine „technische Revolution", die verbunden ist mit der Angst, dass menschliche Arbeitsleistungen von lernenden Maschinen, Computern und Robotern erledigt werden.

Das Spinnennetz der Informationsgesellschaft sorgt für:
- grenzen- und zeitlosen Online-Konsum,
- Bedürfnisbefriedigung per Klick,
- neue Gewohnheiten,
- neue Identität(en),
- anarchisch funktionierende Meinungsbildung (Influencer etc.),
- Verknüpfung über lose, unverbindliche Netzwerke,
- neue sprachliche Codes und Gemeinschaftsrituale.

Besonders in der privaten Kommunikation greift die Digitalisierung um sich. Früher wurden Urlaubsfotos herumgezeigt und Diaabende veranstaltet, heute werden die Fotos mit Digitalkamera und Smartphones aufgenommen und Sekunden später in soziale Netzwerke hochgeladen.

Andere nehmen somit fast unmittelbar, also in Echtzeit am Urlaub teil. Wie sollen wir das digitale Miteinander gestalten? Auch Art und Anzahl der verfügbaren Medien waren früher überschaubar. Nachrichten wurden zu festen Zeiten abends mit der ganzen Familie neben „Tatort", „Traumschiff", „Wetten, dass ...?" und der „Lindenstraße" angesehen, es gab wenige Fernsehsender. Morgens beim Frühstück eine bestimmte Zeitung zu lesen war für viele ein festes Ritual. Mittlerweile können zahllose Medien zu jeder Zeit genutzt oder gestreamt werden. Liveticker bieten ständige Aktualisierungen, gerade bei Ereignissen wie Terroranschlägen oder anderen Katastrophen. Doch diese Informationen sind schnelllebig und oft nicht ausreichend belegt. Wie wollen wir uns informieren? Wo liegen die Vorteile bzw. Risiken, wenn uns eine solche Vielzahl an Medien zur Verfügung steht? Aktuell liegt der Schwerpunkt der Mediennutzung bei kostenlosen Online-Videos und Online-TV.

Digitalisierung – Segen oder Fluch? Trojanisches Pferd des „Superkapitalismus" entgegen der herkömmlichen Ordnung oder Einlasstor für neue Geschäftsmodelle und/oder eine neue Arbeitswelt? Diese mephistophelische Ambivalenz der Digitalisierung beschreibt der deutsche Starphilosoph Richard David Precht, dem auch mit diesem Thema ein Bestseller gelingt. Digitalisierung sei ein Gespenst aus dem Silicon Valley. Precht sieht nur einen radikalen Ausweg, etwa in der Umsetzung der Idee des bedingungslosen Grundeinkommens, die von Linken bis hin zum dm-Markt Gründer Götz Werner verfochten wird. Niemand müsse mehr einer Erwerbsarbeit nachgehen, um einen Ausweg aus der Sklaverei zu finden, wie von Karl Marx einst erträumt.[55] Ist das Grundeinkommen wirklich unumgänglich, um einer sozialen Spaltung der Gesellschaft entgegenzuwirken? Es wird neue Jobs geben. Umschulungen sind in vielen Bereichen möglich. Viele Mitarbeiterinnen und Mitarbeiter der öffentlichen Verwaltung in Deutschland werden in den nächsten Jahren in den Ruhestand gehen. Vielleicht wird die Digitalisierung schon allein deshalb notwendig, um den Arbeitsaufwand bewältigen zu können.

Alle wollen jedenfalls digitalisieren, die Großindustrie, mittlerweile auch der Mittelstand, welcher sich lange sträubte. Der Schock durch die Corona-Pandemie machte schlagartig deutlich, dass ohne Digitalisierung in Schulen Alltag nicht mehr möglich ist. Die Folgen sind so gravierend, dass sogar eine Schuljahrwiederholung diskutiert wurde. Nicht nur dieses Beispiel zeigt: Der Mangel an Digitalisierung ist ein größeres Risiko als die Digitalisierung selbst. Dabei wird auch der sensibelste humane Bereich berührt, die Gesundheit. Der Autor des Buchs kann ein Lied davon singen – mit Blick auf den gelben Impfpass, der voller Stempel und Unterschriften ist und wenig Platz lässt für die Impfung gegen Covid-19. Auf ihm steht „Bundesrepublik Deutschland und West-Berlin". Wer nach Deutschland einreist, braucht einen Sticker und einen Stempel. Das erinnert fast an den zerknitterten Führerschein in einem rosafarbenen Papier, der nun EU-weit umgetauscht werden muss. Im Führerschein findet sich (noch) ein Foto des Autors, als er 15 Jahre alt war.

Gilt das Schlagwort: „Digitalisiere alles"? Das sind Wunschträume, eher hat sich das Denkmuster „Phlegma" eingenistet und ist nicht aus den Köpfen zu bekommen. Und der Staat kann sich austricksen lassen – nicht durch ein Zuviel, sondern ein Zuwenig an Digitalisierung. Es gilt zu agieren statt nur zu reagieren. Die Verwaltung aus sich selbst heraus zu modernisieren ist bekanntlich nur bedingt und nicht am Reißbrett möglich – interne Arbeitsgruppen und Projekte stoßen schnell an institutionelle und rechtliche Grenzen. Dazu kommt: Daten können erst dann bessere Entscheidungen ermöglichen, wenn sie organisatorisch sinnvoll eingebettet sind. Eine Organisation kann nur dann erfolgreich funktionieren, wenn sie versteht, wie sie mit der vermehrten Datennutzung umgehen kann. Die formalen, aber auch die informellen Strukturen einer Organisation ändern sich umfassend durch den Einsatz digitaler Technologien. Und das Gesicht des Staates wird ein anderes sein. Der bisherige Aufbau steht dabei auf dem Prüfstein. Neue Kompetenzen werden benötigt, alte Routinen müssen über Bord geworfen werden. Im *Worst*

Case werden Prozesse immer komplexer und unüberschaubarer. Im *Best Case* gelingt es, die Herausforderungen der Digitalisierung in konkrete Maßnahmen zu übersetzen.[56]

Die Vorteile für die Bevölkerung liegen auf der Hand. Miriam Lips, die ein Buch zum Thema E-Government verfasste, sieht folgende „Benefits":[57]

- Zugang („have and have not"):
  - für Menschen aus ländlichen Räumen,
  - für Menschen mit einem geringen sozio-ökonomischen Hintergrund,
- Inklusion („can and cannots"):
  - Menschen mit Behinderung,
  - ältere Menschen,
- Fertigkeiten („do and do not"):
  - Bildung für alle Bevölkerungsgruppen (gesamtgesellschaftlicher Ansatz),
  - Ausgleich von Ungleichheiten,
- Wissen („know and know-nots")
  - für alle: Open Data, Gebrauch von Big Data, Statistiken,
- Vertrauen („trust and trust-nots")
  - für alle durch die Schaffung von benutzerfreundlichen E-Services,
  - breite Nutzung dieser Services.

Die Rechnung ist ganz einfach: Wer in einer digitalen Gesellschaft lebt, denkt in digitalen Geschäftsmodellen. Ein digitaler Staat wird nicht nur durch niedrige Bürokratiekosten zum Standortvorteil. Die Defizite der Verwaltungsdigitalisierung müssen deshalb schnellstmöglich behoben werden. Was es bedeutet, notwendige Entwicklungen zu verschlafen, und welche Konsequenzen das hat, zeigen prominente Beispiele aus der Industrie. Kodak etwa, 1892 gegründet, galt als Inbegriff für Foto und Film. Jahrzehntelang entwickelte das Unternehmen zuverlässig wie ein Uhrwerk neue und innovative Produkte. Die Notwendigkeit, Digitalkameras zu entwickeln, wurde allerdings verpasst. Dabei waren die Voraussetzungen günstig. Kodak verfügte über digitale Technologie und brachte bereits 1989 eine Digitalkamera auf den Markt. Doch im Fokus standen weiterhin Farbfilme und analoge Fotokameras. Die Konkurrenz, wie Nikon und Canon, die bereits die Potenziale des digitalen Markts erkannte, zog am einstigen Marktführer vorbei. 2011 schließlich schrieb der einstige Pionier, der es in den 1970er-Jahren zu einem sagenhaften 80-prozentigen Marktanteil in den USA brachte, einen Verlust von mehr als 230 Millionen US-Dollar und meldete ein Jahr später Insolvenz an. Für Tradition stand auch das 1927 in Fürth gegründete Versandhaus Quelle. Die illustrativen Quelle-Kataloge wurden zum Markenkern der alten Bundesrepublik. Viel zu spät erkannte man, nachdem Amazon und eBay sich bereits positionierten, die Möglichkeiten des Online-Handels. 2009 kam es zur Insolvenz. Nokia galt als Branchenriese im Mobilfunkmarkt. 1992 brachte das finnische Unternehmen das erste massentaugliche Handy auf den Markt, das Nokia 3310 wurde legendär. Mit dem Aufkommen von Smartphones und iPhones ging es Nokia wie Quelle mit Amazon. Neue Unternehmen wie Apple kamen aus dem Nichts und verdrängten den Primus von einst, der in aller Seelenruhe an der Verbesserung der einst so begehrten, anachronistisch gewordenen Standardhandys feilte. Der Niedergang von Nokia riss auch die finnische Volkswirtschaft mit sich. Zwischenzeitlich hatte der Handy-Gigant im Alleingang für vier Prozent der Wirtschaftsleistung in dem kleinen Land gesorgt.[58] Das staatliche Handeln wird zwar nicht dergestalt an Effektivität und Effizienz gemessen. Wäre das ein ernsthaftes Kriterium, würde etwa die hohe Staatsverschuldung Deutschlands eine weitaus größere Rolle in der öffentlichen Debatte spielen. Immerhin lag der Gesamtbetrag der deutschen Staatsverschuldung Ende 2019 bei knapp 1,9 Billionen Euro. Die Corona-Krise hat die Schulden mittlerweile auf ein Rekordniveau ansteigen lassen (Stand Ende September 2021: 2,2 Billionen Euro).[59]

2015 kürte der Langenscheidt-Verlag „Smombie", zusammengesetzt aus „Smartphone" und „Zombie", als Jugendwort des Jahres: Personen, die ständig auf ihr Smartphone starren, ohne die Umgebung noch wirklich wahrzunehmen. Inzwischen sieht man dieses Verhalten überall. Können wir auch einmal offline sein, selbst wenn alle anderen ständig online sind und sofort Reaktionen erwarten? Zehn Jahre nach seiner Erfindung wird das Smartphone schon von der Hälfte der Menschheit genutzt. Fast ein Drittel der Menschheit saugt die Plattformen bekannter sozialer Medien auf. Die Jugend im 21. Jahrhundert hat längst eigene Kommunikationskanäle, die sich deutlich von früheren unterscheiden. Die Smartphone-Verbreitung wächst atemlos. Man spricht von den *Digital Natives*, Personen, die mit digitalen Technologien vertraut sind, da sie im digitalen Zeitalter aufgewachsen sind. Ihnen bietet sich eine völlig andere Welt als zuvor.

2.2 BEDEUTUNG FÜR DAS E-GOVERNMENT-SYSTEM

Der US-Amerikaner David Easton (1917–2014), ein Systemtheoretiker, hat in den 1960er-Jahren das Input-Output-Modell geprägt, welches die Funktionsweise eines politischen Systems verdeutlicht. Politik ist ein System, das unter hohem Anpassungsdruck steht, seine eigenen Strukturen und Institutionen kritisch hinterfragen, zumindest Teile von ihm immer wieder neu erfinden muss. Schließlich entscheidet das System für eine ganze Gesellschaft und deren Akzeptanz. Das System lebt von Unterstützungen („supports") und Forderungen („demands") auf der einen Seite (inputs), von Entscheidungen und Handlungen auf der anderen Seite (outputs). Die Dynamik entsteht durch eine Feedbackschleife („feedback loop"), das bedeutet, dass damit gewissermaßen eine Legitimierung stattfindet. Aus Outputs entstehen wieder neue Inputs.[60] Inputs geben dabei die so genannten intermediären Organe wie Parteien, Interessengruppen, Medien, die dann in den Willensbildungsprozess eingespeist werden. Parlamente und Exekutiven verwerten die Eingaben und treffen Entscheidungen mit Folgewirkung.

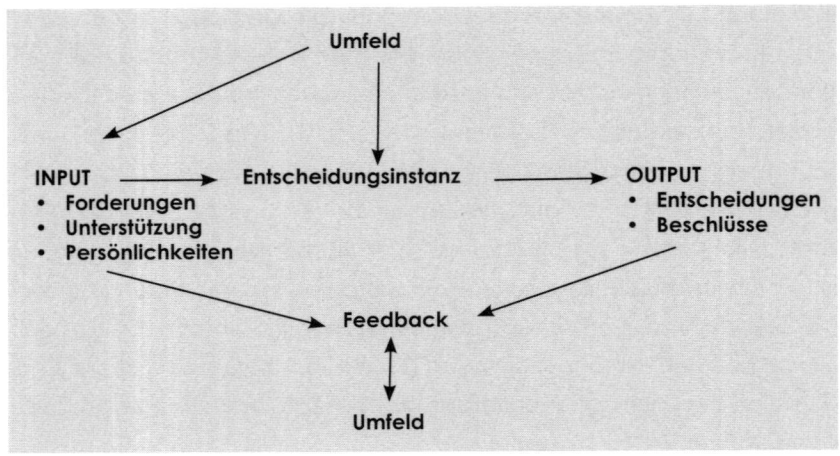

Abbildung 1: Input-Output-Modell des politischen Systems (David Easton)

Ein politisches System braucht immer wieder Impulse und ist wand-lungsfähig. Reformen sollen es immer wieder zukunftsfähig machen und die gesellschaftlichen Veränderungen berücksichtigen. Das gilt insbesondere für die Transformation in das virtuelle Zeitalter. E-Government dreht sich um vertrauensbildende Maßnahmen, kom-patible Technologien und Systeme, Anpassung der rechtlichen Rah-menbedingungen, Risikominimierung und Prozessoptimierung.[61] Der Ausdruck „electronic government" wurde bereits vom einstigen US-amerikanischen Vizepräsidenten Al Gore im Jahre 1997 benutzt. Die Annahme von Gore und seinen Beratern lautete, dass durch E-Govern-ment die Produktivität von Regierungshandeln deutlich steigen würde. E-Government soll die Menschen „online", nicht „in-line", also in die Warteschlange setzen.[62]

Immer wieder wird behauptet, dass es hier um rein technologische Fragen ginge. Die Rolle des politischen Willens zur Veränderung und zu Experimenten sollte aber nicht unterschätzt werden. Immerhin braucht man für einen Digitalisierungsschub Anpassungen des Gesetz-gebers, etwa eine digitale Unterschrift zur Authentifizierung oder die

Ermöglichung eines Datenaustausches. Regierungsbeschlüsse und parlamentarische Entscheidungen sind dafür elementar. Wer, ob hierzulande oder in Großbritannien, den Niederlanden oder in Australien, E-Government-Programme aufsetzt, gebraucht gerne „Mythen" wie technologische Unausweichlichkeit, neue und bessere Regierung, rationale Informationsplanung sowie die Einbindung des mündigen Bürgers.[63] Was letzteren Aspekt angeht, lässt sich über neue Partizipationsansätze, etwa E-Voting, diskutieren. Inwiefern erfüllen sie das Ideal der „offenen Gesellschaft" im Sinne von Karl Popper[64]? Der Bürger wird dann nicht lediglich als Konsument oder Kunde betrachtet, sondern als mündiger Staatsbürger, der sich mithilfe der technologischen Entwicklungen bzw. technischen Mittel besser in das demokratische System einbringen kann.

Digitalisierung der Verwaltung ist in einer „schwachen" oder „starken" Alternative denk- und umsetzbar:[65]

- Eine schwache Digitalisierung bezieht sich auf die Bereitstellung von öffentlichen Dienstleistungen und politischen Prozessen unter Nutzung digitaler Formate und Medien. Hier meint Digitalisierung lediglich, analoge in digitale Information umzuwandeln, konkret etwa, dass Akten elektronisch geführt und kommunale Dienste (teilweise) online zur Verfügung stehen. Man denke an das PDF zum Download. Das meint auch, dass Neuigkeiten über soziale Medien kommuniziert werden.
- Eine starke Digitalisierung zielt nicht auf flankierende Maßnahmen, sondern auf eine wesentliche Strukturveränderung, etwa selbstlernende Systeme. Hier geht es um Datensteuerung, Big Data und Data Analytics. Ein Argument ist hier, die Effizienz zu steigern, etwa über Vernetzung.

Schon im Jahre 2001 wurde ein Modell entwickelt, die vier Stufen hin zu einem funktionierenden E-Government darzustellen:[66]

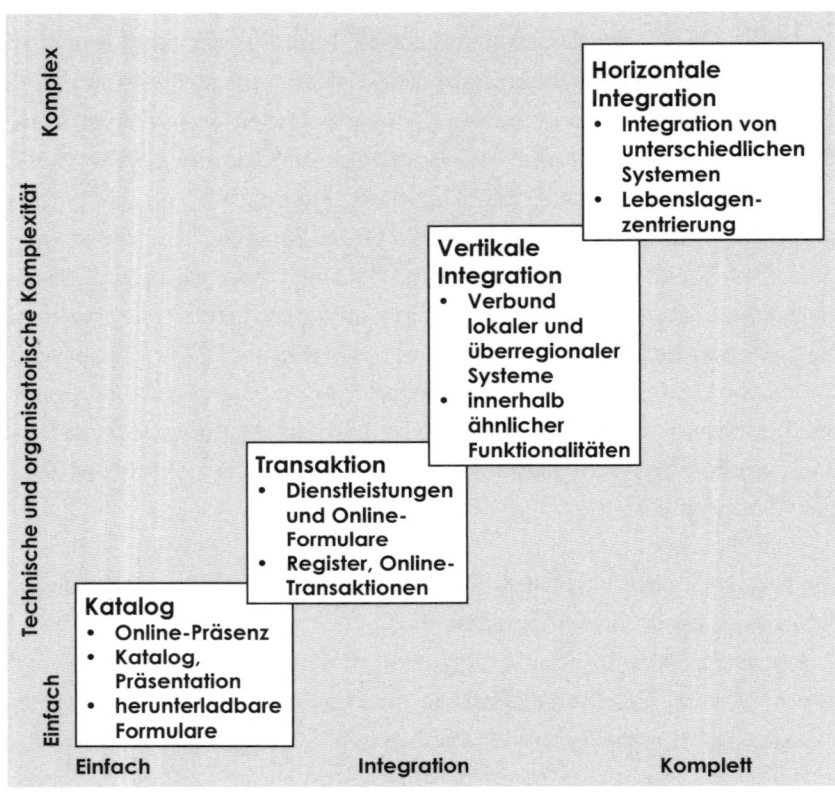

Abbildung 2: Die vier Stufen zu einem E-Government (Layne/Lee 2001)

Wer die vier Stufen genauer betrachtet, kommt zu folgender Erkenntnis: Digitalisierung meint nicht, Verwaltungsdienste einfach nur online anzubieten. Die Digitalisierungstiefe lässt sich aus den drei Ebenen ermitteln: Information, Kommunikation und Transaktion. Online sind die Informationen in über 70 Prozent der Fälle verfügbar, wobei mitunter ein „Angebotsdschungel" durch die Unübersichtlichkeit des Angebots und die schlechte Auffindbarkeit konstatiert wird. Aber gerade die finale Abschließbarkeit von Verwaltungsleistungen ist schwach ausgeprägt. Sieht man die obigen vier Ebenen eines funktionierenden E-Government, verharrt Deutschland also oft noch auf der ersten. Das zeigt die Situation etwa in den deutschen Bürgerämtern.

Dienstleistung	Online sind Informationen verfügbar	Kann teilweise online erledigt werden	Lässt sich online final abschließen	N
Passangelegenheiten	74,80 %	25,20 %	4,80 %	210
Urkunden (Geburt/ Ehe)	71,40 %	25,20 %	9,20 %	119
Führungszeugnis	70,70 %	27,10 %	13,30 %	188
An-/Ab-/ Ummeldungen	60,50 %	36,00 %	7,10 %	197
Beglaubigung von Zeugnissen	89,30 %	10,10 %	2,70 %	149
Hundesteueranmeldung	71,30 %	32,80 %	5,70 %	122
Anwohnerparkausweis	75,70 %	18,40 %	8,70 %	103
Parkausweis für Schwerbehinderte	80,20 %	20,80 %	0,90 %	106
Wohngeld	75,60 %	21,80 %	3,80 %	78
Kfz-An-/Ab-/ Ummeldungen	75,00 %	23,50 %	7,40 %	68

Tabelle 2: Digitalisierungstiefe in deutschen Bürgerämtern[67] (Angaben in Prozent der Fälle)

Bei der Diskussion um E-Services ist es gerade entscheidend, dass sich die Vorgänge final abschließen lassen. Ist das nicht der Fall, droht statt Prozesserleichterung ein Mehraufwand mit Parallelstrukturen, also mehr Bürokratie. Nur echte Digitalisierung kann zur Entbürokratisierung beitragen, da es um die fundamentale Neugestaltung von Prozessen und neue Interaktionsformen zwischen Bürger und Staat, aber auch zwischen Wirtschaft und Staat geht.[68] Ein Placebo an Digitalisierung entsteht, wenn E-Government als bloße Bereitstellung von Download-Möglichkeiten gedacht wird, wie es in Deutschland lange der Fall war. Die medienbruchfreie Abwicklung von Verwaltungsdienstleistungen gelingt auch deshalb nicht, weil es zu wenig Möglichkeiten der Authentifizierung gibt. Alleine etwa mit einem Lesegerät lässt sich Nutzerfreundlichkeit nicht herstellen.

3

DEUTSCHE BESONDERHEITEN UND BEHARRUNGSTENDENZEN

3.1 DIE SCHIZOPHRENIE DER DIGITALISIERUNGSDEBATTE

Was sind die Quellen von Innovation in der Verwaltung? Technologische Veränderungen und Marktveränderungen drängen auf ein Beschreiten neuer Pfade. Dabei geben die US-Konzerne den Takt vor, schon allein durch ihre Monopolstellung. Das sah jeder im Zuge der Pandemie, als Programme wie Zoom, Adobe Connect, Microsoft Teams, Webex etc. zwingend notwendig waren, um Videokonferenzen abhalten zu können. Die Corona-Krise hat Deutschlands digitale Defizite schonungslos offengelegt, meint Sebastian Matthes, seinerzeit stellvertretender Chefredakteur des „Handelsblatts". Er schrieb im April 2020: „Doch es ist naiv zu glauben, Deutschland werde allein dadurch digitaler, weil Millionen Menschen lernen, wie die Kamera ihres Rechners funktioniert. Was wir erleben, ist kein Digitalisierungsschub, es ist eine Pseudo-Digitalisierung des Alltags, bei der einige Tools aus Alternativlosigkeit in den Fokus geraten. (...) Digitalisierung aber bedeutet mehr, als ein paar Instrumente von US-Anbietern zu nutzen: In der Regel steckt dahinter eine tief greifende Veränderung von Prozessen, Abläufen – und letztlich auch von Geschäftsmodellen."[69]

Das Bundesgesundheitsministerium entschied Ende 2020 während der Pandemie, eine Kooperation mit Google einzugehen. Wer „Gesundheit" googelt, sollte künftig auf dem Nationalen Gesundheitsportal landen. Alle Menschen sollten bei einer Google-Suche nach „Grippe", „Bluthochdruck" oder „Covid-19" einen prominent platzierten Infokasten auf der Ergebnisseite vorfinden, der vom Gesundheitsministerium bereitgestellt wird. Bundesgesundheitsminister Jens Spahn begründete diese Entscheidung damit, dass Google faktisch das Monopol auf die Internetsuche habe.[70] Konkretes Ziel war damit ein „Push" von staatlichen Angeboten und Informationen im World Wide Web. Das Landgericht München hat diesen Schritt gekippt und der Allianz ein (vorläufiges) Ende bereitet.

Dennoch zeigt sich: Die Marktmacht der digitalen Monopole ist so groß, dass sich jeder den Bedingungen der Gewinnoptimierer beugen muss. Manche sprechen gar von Digitalisierung als einer neuen „Superideologie"[71]. Gerade deshalb muss der Staat einige Exzesse stoppen. Der Hamburgische Beauftragte für Datenschutz und Informationsfreiheit erließ im Juli 2016 eine Verwaltungsanordnung, die es Facebook untersagte, jenseits des geltenden rechtlichen Rahmens Daten von deutschen WhatsApp-Nutzern zu erheben und weiterzugeben.[72] Der Beliebtheit von WhatsApp in Deutschland tat das allerdings keinen Abbruch. Im Januar 2021 sollte die Diskussion erneut aufkommen. In der Tat scheint es so zu sein, dass die Deutschen freiwillig ihre privaten Daten an Konzerne preisgeben. Wer glaubt ernsthaft an ein kostenloses Angebot? Und wer kennt eigentlich die Datenschutzregeln seines Smartphones? Nach Berechnungen sind für die sorgfältige Kenntnisnahme der Datenschutzregeln von den Diensten, die durchschnittlich auf dem Smartphone genutzt werden, 244 Lektürestunden pro Jahr erforderlich.[73]

Digitalisierung soll den öffentlichen Sektor neu gestalten. In Deutschland besteht allerdings eine Digitalisierungsparadoxie oder gar -schizophrenie:

- Der Verbraucher gibt ungefragt, naiv und untertänig persönliche Daten an gewinnorientierte internationale Unternehmen weiter, die sich um Regeln des Datenschutzes wenig scheren und mit diesen Daten Wertschöpfungsmodelle aufbauen.
- Der Staatsbürger scheut sich, dem Staat, der Regierung oder der Verwaltung, die sich an strikte Regeln halten müssen, persönliche Daten anzuvertrauen.

Dabei besteht ein fundamentaler Unterschied: Das Management des Staates ist transparent, das der Unternehmen ist es nicht. Eigentlich gelten die Deutschen bei aller Staatskritik als staatsgläubig. „Vater Staat" soll eine wie auch immer geartete soziale Gerechtigkeit herstellen. Er soll sich um verträgliche Mieten und Industriepolitik kümmern, trotz Einnahmen durch die Tabaksteuer über Rauchverbote entscheiden, eine Fahrrad-helmpflicht festlegen, Autobahngebühren für Aus- oder Inländer erheben. Wie definiert sich aber seine Aufgabe mit Blick auf Digitalisierung – außer, dass er festlegt, in welche Zukunftstechnologien Investitionen fließen sollen?

Es gibt auch eine andere besorgniserregende Entwicklung, die Haltung der Passivität, des Abwartens, bis von anderen eine geeignete Lösung präsentiert wird. Unsere staatlich-demokratischen Systeme sind zweifellos schwerfällig. So wichtig „Checks and Balances" sind, also eine wechselseitige Gewaltenkontrolle und Eindämmung staatlicher Machtfülle – eine Ineffizienz sollte dafür nicht billigend in Kauf genommen werden. Fragen der Vernetzung und Leistungskraft der öffentlichen Hand werden kaum gestellt. Zettel, Kreide, Fax, ein mehrseitiges Formular mit Kleingedrucktem und der Unterschriftserfordernis, Bargeld – ein Fünf-klang, der erstaunliche Beharrungstendenzen hat und den „deutschen Michel" in scheinbarer Sicherheit wiegt. E-Government gilt als Stiefkind der Netzpolitik hierzulande, wurde von deutschen netzpolitischen Aktivisten und Politikern lange kaum beachtet. Das spiegelt sich auch in den netzpolitischen Jahrbüchern wider, die sich kaum zum E-Government äußern.[74]

Spitzenkräfte aus Wirtschaft und Politik zeigen sich ebenso skeptisch wie die Bevölkerung. Das ergab eine repräsentative Umfrage des renommierten Allensbach-Instituts vom Januar 2020: 89 Prozent der Spitzenkräfte aus Wirtschaft und Politik ziehen die Bilanz, dass Deutschland bei der Digitalisierung in vielen Bereichen hinterherhinkt. Die überwältigende Mehrheit hat auch den Eindruck, dass es trotz aller Debatten und der erkennbaren Aufwertung des Themas in der Regierungsarbeit bisher kein klares Konzept für die Gestaltung der Rahmenbedingungen des digitalen Wandels gibt. 91 Prozent der Spitzenkräfte ziehen diese Bilanz, nur 7 Prozent können bisher eine überzeugende Agenda erkennen. Der vermutete Mangel an Kompetenz aufseiten der Politik lässt die

Menschen nicht kalt. 90 Prozent der Teilnehmer einer repräsentativen Umfrage im Auftrag der ESCP Business School Berlin erklärten, es sei wichtig oder sogar sehr wichtig, dass Politiker einschätzen könnten, was im Zusammenhang mit dem Thema Digitalisierung unternommen werden müsse. Gleichwohl halten fast 60 Prozent der Bundesbürger die Bundesregierung beim Thema Digitalisierung für wenig oder gar nicht kompetent.[75]

In Deutschland wird E-Government bis heute ohnehin rein prozessual verstanden. Analoge Verwaltungsprozesse werden digitalisiert, aus der Papierakte wird die E-Akte. Unabhängig von der Covid-19-Pandemie merken Bürger und Mitarbeiter, dass die Abläufe in den Verwaltungen durch Vernetzung und Innovation schneller, passgenauer und flexibler sein könnten. Es sind Zeiten der Dämmerung, da sich der Staat im Dämmerschlaf befindet: Modernes E-Government gibt es in Deutschland bislang nicht. Die kaum hinterfragte analoge Kultur speist sich aus Papier, linearer Sachbearbeitung und der Frage von Zuständigkeiten. Das ist der digitalen Kultur wesensfremd. Daher treffen zwei Welten aufeinander. Papier ist auch eine Technologie, aber bereits rund 5.000 Jahre alt. Wir nutzen sie immer noch. Das zeigte sich beim ersten Covid-19-Lockdown in Bars und Restaurants. Kunden mussten einen Zettel, ein vorgefertigtes Formular, ausfüllen – mit dem Ziel, Infektionsketten zurückverfolgen zu können. Die persönlichen Angaben wurden in der Regel nicht kontrolliert, konnten folglich falsch sein. Wer also Homer Simpson, Pippi Langstrumpf o. Ä. auf die Listen mit der Erfassung für die Kontaktdaten schrieb, kam mit diesen lächerlichen Sabotageaktionen durch. Monate später wurde dann davor gewarnt, ein Bußgeld eingeführt. Das Gleiche galt für Einreiseanmeldungen auf dem Internetportal der Bundesregierung, die sich leicht austricksen ließen.[76] Im Juli 2021 sieht der Autor in seiner Heimatstadt Passau und woanders mit Erstaunen, dass sich nichts geändert hat. Alles völlig ungeprüft auf Papier (alternativ neben einer App), ob man doppelt geimpft ist oder nicht, wird hingegen nicht einmal angefragt.

Es zeigt sich damit auch, dass aus den Erfahrungen der teilweise unkontrollierten Einwanderung im Herbst/Winter 2015 nicht die richtigen Lehren gezogen wurden. Der renommierte, mittlerweile verstorbene Bonner Historiker Hans-Peter Schwarz etwa sprach diesbezüglich von einem „Blindflug der Behörden", da die deutschen Behörden zeitweise völlig die Übersicht verloren hatten.[77]

3.2 DEUTSCHES PHLEGMA STATT DEUTSCHLAND DIGITAL

Einst war Deutschland weltweiter Vorreiter, etwa was eine systematische soziale Sicherung anbetrifft. Dafür waren die unter Reichskanzler Otto von Bismarck (1815–1898) eingeführten Sozialgesetze verantwortlich, mit denen die Regierung versuchte, dem wachsenden Unmut der Arbeiterschaft zu begegnen. Die deutsche Krankenversicherung wurde 1883 eingeführt, die Rentenversicherung 1889. Die Einführung der sozialen Sicherungssysteme war eine Reaktion auf die gesellschaftlichen Veränderungen im 19. Jahrhundert durch die Industrielle Revolution, die in England einsetzte und dann auch Deutschland beeinflusste. Seither soll staatliche Sozialpolitik Not und Armut verhindern und die unterschiedlichen Gruppen einer Gesellschaft als Ganzes schützen. Drei Ziele stehen dabei im Vordergrund:

- Schaffen von Gleichheit: Der Staat zielt darauf, möglichst gleiche Voraussetzungen für alle zu schaffen, also gleiche Startchancen für alle im gesellschaftlichen Wettbewerb herzustellen.
- Schaffen von Gerechtigkeit: Der Staat hat die Aufgabe, verschiedene Gerechtigkeitsvorstellungen miteinander in Einklang zu bringen, die Gerechtigkeit in Leistung, Verteilung, aber auch zwischen Geschlechtern und Generationen und zwischen Städten und ländlichen Räumen.
- Schaffen von Solidarität: Der Staat stellt eine Wechselbeziehung zwischen dem Einzelnen und der Gemeinschaft her. Er wägt ab, wann und wie Aufgaben im Bereich der Gesellschaft oder des Einzelnen

liegen. Genauer heißt das, dass Erwerbstätige sich gegenüber denjenigen Menschen solidarisch verhalten sollen, die arbeitslos oder erwerbsunfähig sind.

Bis heute gilt das Modell, das im Zuge der Industriellen Revolution und ihrer Folgen entwickelt wurde, als beispielgebend. Aber wie gehen wir mit dem Wandel in den vergangenen Jahrzehnten um? „Ein Ruck muss durch Deutschland gehen", sagte 1997 der damalige Bundespräsident Roman Herzog in seiner berühmten Berliner Rede. Den braucht es nun angesichts der gegenwärtigen Herausforderungen. Dabei sucht der Bund, aber auch jedes Bundesland seine eigene Strategie. Schon 2001 forderte der damalige Bundeskanzler Gerhard Schröder in seiner saloppen Art: „Die Daten müssen laufen, nicht die Bürger." Die Verwaltungen sollten den Bürgern durch eine stärkere Nutzung des Internets Behördengänge ersparen. In ein paar Jahren würde kaum noch jemand Verständnis haben, wenn man Personalausweis oder Führerschein nicht per Internet beantragen könne. Die Behörden wären nach Schröder in der Pflicht, die Kritik zu widerlegen, dass die öffentliche Verwaltung immer noch so behäbig sei wie zu Zeiten der Postkutsche.[78] Dieses Vorurteil ist bis heute nicht ausgeräumt, weil sich wenig getan hat, nach wie vor eine digitale Hilflosigkeit herrscht. In der Verwaltung hat sich wenig geändert. In der Wirtschaft hätte sich das längst fatal ausgewirkt, wie die erwähnten Beispiele zeigen. Einige namhafte Unternehmen wurden von der digitalen Welle einfach überrollt.

Zurück zum Staat: Es fehlt an einer Basisinfrastruktur, etwa einer verbreiteten und sicheren eID (elektronische Identifikationsnummer des Personalausweises). Dabei gäbe es die Möglichkeit: Im § 5 Abs. 2 E-Government-Gesetz (EGOv) ist eine solche Option für den Bund bereits vorgesehen, aber nicht verpflichtend. Dort steht: „(1) Wird ein Verwaltungsverfahren elektronisch durchgeführt, können die vorzulegenden Nachweise elektronisch eingereicht werden, es sei denn, dass durch Rechtsvorschrift etwas anderes bestimmt ist oder die Behörde für bestimmte Verfahren oder im Einzelfall die Vorlage eines

Originals verlangt. Die Behörde entscheidet nach pflichtgemäßem Ermessen, welche Art der elektronischen Einreichung zur Ermittlung des Sachverhalts zulässig ist. (2) Die zuständige Behörde kann erforderliche Nachweise, die von einer deutschen öffentlichen Stelle stammen, mit der Einwilligung der am Verfahren beteiligten betroffenen Person direkt bei der ausstellenden öffentlichen Stelle elektronisch einholen. Zu diesem Zweck dürfen die anfordernde Behörde und die abgebende öffentliche Stelle die erforderlichen personenbezogenen Daten verarbeiten." Auch die digitale Signatur gibt es längst. Anfang 1998 erkannte der damalige Bundesforschungsminister Jürgen Rüttgers einen „handfesten Vorteil beim internationalen Wettbewerb".[79] Dementsprechend schrieb das Bundesministerium für Bildung, Wissenschaft, Forschung und Technologie im gleichen Jahr bundesweit einen Wettbewerb namens MEDIA@ Komm aus, mit dem unter den Kommunen die besten Konzepte und Anwendungen gesucht wurden. Die Suche nach Pilotprojekten endete leider nicht in Erfolgsprojekten.[80] Bis heute ist wenig passiert. Die digitale Unterschrift wirkt immer noch wie ein systemfeindlicher Fremdkörper. Wenn man vom Wettbewerb spricht, hat sich Deutschland im Schneckentempo bewegt. Die Lokomotive „Öffentlicher Dienst", von der Alfred Tacke, damals Staatssekretär im Bundesministerium für Wirtschaft und Technologie (BMWi), im Jahr 2001 sprach, steckt noch am Abfahrtsbahnhof fest. Tacke setzte seine Hoffnungen darauf, dass die digitale Unterschrift Fahrt aufnimmt.[81] Offenbar steht das Signal noch auf Rot, die Lokomotive „Made in Germany" verrostet.

Steuererklärungen kann man zwar mittlerweile online abgeben, aber das ist eine seltene Ausnahme in der Beziehung zwischen Bürgern und Beamten. Wer umzieht, heiraten oder bauen will, Kinder- oder Elterngeld braucht, füllt wie eh und je Formulare aus, kopiert Belege und zieht Wartemarken. Das kostet Zeit und Nerven. Der Autor des Buchs machte im Juli 2021 selbst die Erfahrung mit der Bezügestelle eines Bundeslandes. „In Deutschland müssen sie sich schon selbst um alles kümmern", hieß es unwirsch am Telefon auf Nachfragen mit Blick auf Sold und Steuerrecht.

Wie viel Zeit haben Sie für Ihren letzten Behördengang aufgewendet?

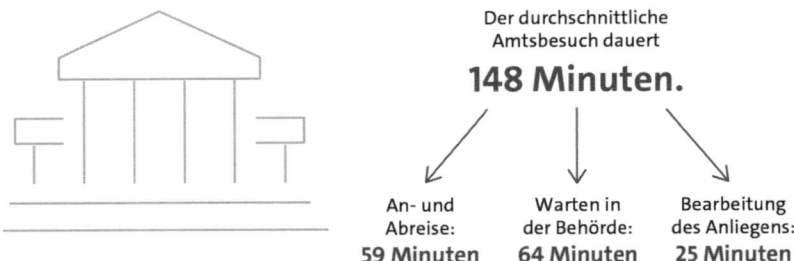

Abbildung 3: Zweieinhalb Stunden für einen analogen Behördenbesuch (Quelle: bitkom research 2020)

„Etwaige Nachlässigkeiten gehen im Zweifel zu Ihren Lasten." Im Jahr 2020 brauchten die Deutschen durchschnittlich zweieinhalb Stunden für einen analogen Behördenbesuch.

Laut einer Bitkom-Studie möchten vier von fünf Bundesbürgern (82 Prozent) online zum Amt. Neun von zehn (91 Prozent) finden, dass die Beantragung, Verlängerung und Zusendung von Dokumenten wie Reisepass und Personalausweis ganz einfach automatisch ablaufen sollten. Auch für ein einheitliches Bürgerkonto, über das sich Bürger identifizieren und authentifizieren können und Zugang zu allen digitalen Verwaltungsleistungen haben, sprechen sich 82 Prozent aus. Vier von zehn Bürgern (44 Prozent) würden die eigenen Stammdaten einmalig bei einer Behörde hinterlegen und erlauben, dass diese zwischen Behörden ausgetauscht und wiederverwendet werden dürfen.[82]

3.3 FAXKULTUR BIS ZUR HÖCHSTEN EBENE

27. Mai 1843: Der schottische Mechaniker und Erfinder Alexander Bain bekommt das britische Patent für das erste Faxgerät überhaupt. Nutzer konnten damit Handschriften oder Zeichnungen elektrisch übertragen, doch für den Massenmarkt war das Gerät lange noch nicht

ausgereift. Seinen Durchbruch hatte das Faxgerät erst in den 1980er- und 1990er-Jahren. Für den Staatsapparat gilt das offenbar, mit einer erstaunlichen Beharrungstendenz, bis heute. Der FDP-Gesundheitspolitiker Andrew Ullmann richtete im Oktober 2020 eine schriftliche Anfrage an die Bundesregierung, wie viele Faxgeräte noch verwendet werden. Die Antwort: Die Faxkultur lebt – obwohl viele junge Menschen in ihrem Leben noch nie ein Fax verschickt haben. Einer Umfrage des Branchenverbands Bitkoms[83] zufolge wissen 28 Prozent der Sechs- bis Achtzehnjährigen nicht einmal, was ein Faxgerät ist. In den Bundesministerien hingegen gibt es immer noch die Kultur des Faxes, eine antike Technologie, die seit über 30 Jahren mit denselben Protokollen arbeitet.

Im Klartext bedeutet das: „Aktuell kommen Faxgeräte noch in allen Ressorts zum Einsatz. Je nach Arbeitsweise des Ressorts (...) werden noch ca. 900 physische Faxgeräte verwendet." Die Begründung kommt später: „Fax-Geräte (werden) überall dort benötigt, wo eine elektronische Signatur/Unterschrift notwendig, aber noch nicht vollumfänglich verfügbar ist. Faxgeräte werden zudem benötigt, um für Bürgerinnen und Bürger auch über diesen Kontaktkanal erreichbar zu sein und auch, um Barrierefreiheit zu gewährleisten."[84] Im Einzelnen gibt es folgende Aufschlüsselung, die das Bundesinnenministerium des Innern, für Bau und Heimat zusammengetragen hat..[85] (siehe Tabelle, S. 54).

Die Bundesregierung (2017 bis 2021) begründet den Einsatz von Faxgeräten mit der Einhaltung von besonderen Sicherheitsgarantien Dabei äußerte Bundesgesundheitsminister Jens Spahn in öffentlicher Vorträgen, dass das Faxgerät datenschutzrechtlich so sicher wie eine Postkarte sei.[86] Seine eigene Bundesregierung schien wie sein eigenes Ministerium weit davon entfernt, eine eigene digitale Infrastruktur aufgebaut zu haben. Ist das Fax aber so sicher, wie es die Legende besagt? Forscher aus Israel und den USA haben eine Sicherheitslücke entdeckt, die Hacker für gezielte Angriffe ausnutzen können. So

schickten die Hacker manipulierte Faxe, die einen Speicherfehler aus-
lösten und durch den sie in Netzwerke eindringen konnten. Der Fehler
sei zwar bei Multifunktionsdruckern der Marke HP aufgetaucht, kann
aber auch bei Geräten anderer Hersteller vorkommen.[87]

Ressort	Anzahl Faxgeräte
Bundeskanzleramt	wenige
Bundesministerium des Innern, für Bau und Heimat (BMI)	62 Faxgeräte
Bundesministerium der Finanzen (BMF)	130 Faxgeräte
Auswärtiges Amt (AA)	200 physische Faxgeräte, 1450 virtuelle Faxgeräte
Bundesministerium für Wirtschaft und Energie (BMWi)	88 Faxgeräte
Bundesministerium der Justiz und für Verbraucherschutz (BMJV)	40 physische Faxgeräte, 218 virtuelle Faxgeräte
Bundesministerium für Arbeit und Soziales (BMAS)	135 Faxgeräte im Einsatz, davon 2 Krypto-Faxgeräte
Bundesministerium der Verteidigung (BMVg)	30 Faxgeräte
Bundesministerium für Ernährung und Landwirtschaft (BMEL)	58 physische Faxgeräte
Bundesministerium für Familie, Senioren, Frauen und Jugend (BMFSFJ)	4 analoge Faxgeräte, analoge Faxkarte, 96-mal Scan to Fax, ferner haben alle Beschäftigten standortübergreifend die Möglichkeit, „E-Mail to Fax" zu nutzen.
Bundesministerium für Gesundheit (BMG)	24 Faxgeräte und 26 Multifunktionsgeräte mit Faxfunktion
Bundesministerium für Verkehr und digitale Infrastruktur (BMVI)	42 Faxgeräte
Bundesministerium für Umwelt, Naturschutz und nukleare Sicherheit (BMU)	126 Arbeitsplatzdrucker und Etagenkopierer mit Faxfunktion, 2 VS-Faxgeräte
Bundesministerium für Bildung und Forschung (BMBF)	18 Faxgeräte
Bundesministerium für wirtschaftliche Zusammenarbeit und Entwicklung (BMZ)	33 Faxgeräte

Tabelle 3: Nutzung von Faxgeräten in den Bundesministerien

Der Investor Lars Zimmermann sieht diese Defizite gerade auch in Zeiten
von Corona: „Ich erinnere mich an eine Situation in der Hochphase der

Corona-Krise, als wir mit einem Gesundheitsamt zusammengearbeitet haben. Da fiel der Satz: „Ohne Faxgerät wären wir aufgeschmissen."[88] Offenbar ist der Staat ein schlechter IT-Anwender. Ab der Legislaturperiode vom Herbst 2021 an soll der Deutsche Bundestag keine Faxgeräte mehr verwenden. Hierzu brauchte es einen Beschluss des Ältestenrats (sic!) im Januar 2021. Eine neue Epoche soll damit eingeläutet werden.[89]

Die Regierung von Oberfranken verkündete am 30. März 2021 via Pressemitteilung ein ganz eigenes Verständnis von Verwaltungsmodernisierung. Die Faxnummern würden nun auf fünfstellige umgestellt. Diese „Innovation" werde ab 4. April 2021 in die Wege geleitet. Die Begründung lautet, das sei angeblich bürgernah. Wörtlich heißt es: „Der Telefaxdienst ist in Zeiten der Digitalisierung und der E-Mail zwar in gewisser Weise ein Überbleibsel aus der analogen Telekommunikationswelt. Nichtsdestotrotz ist der Telefaxdienst noch nicht entbehrlich, weil das weit verbreitete Telefax von Bürgerinnen und Bürgern immer noch häufig genutzt wird. Um diesen Kommunikationsweg weiter anbieten zu können, muss die Regierung technische Anpassungen vornehmen."[90] Die Argumentation klingt abenteuerlich. Wer aus dem „Volk" hat heutzutage noch ein Faxgerät zu Hause? Gibt es denn die häufige Nutzung wirklich, und von wem? Immerhin wird Digitalisierung vor der E-Mail genannt. Natürlich darf ein Verweis in der Pressemitteilung nicht fehlen: „Während der Umstellung kann es zu kurzzeitigen Störungen im Faxverkehr kommen."[91]

3.4 MIT TABLET UND TRACHTENJANKER

Zu wenig Personal, zu viel veraltete Technik – die Covid-19-Pandemie hat die strukturellen Defizite im Öffentlichen Gesundheitsdienst (ÖGD) deutlich offenbart. Doch wie miserabel die Zustände in den insgesamt rund 375 Gesundheitsämtern sind, war bisher offensichtlich auch der Regierung nicht wirklich bewusst, schlichtweg, weil sie teils keine Daten erhoben hat. So wusste die Regierung im Winter 2020 z.B. nicht, wie viele nicht-ärztliche Mitarbeiter in den Gesundheitsämtern überhaupt arbeiten und ob es in den vergangen fünf Jahren mehr oder weniger geworden sind.[92] Die Bild-Zeitung lamentierte im November 2020: „Wir wissen zwar, wie viele Corona-Infizierte jeden Tag sterben. Aber nicht, wie viele Menschen starben, weil sie sich nicht behandeln ließen. Weil Totenscheine per Hand ausgefüllt werden und von Amt zu Amt wandern. In unseren Gesundheitsämtern herrscht immer noch Zettelwirtschaft." Ähnliches gelte für Schulen: „Analoger Unterricht mit Tafeln, Schwamm und Kreide gehört noch immer zum deutschen Schulalltag. (...) In Schulen gibt es auch mehr als ein halbes Jahr nach dem ersten Lockdown keinen Plan für den zweiten. Kein Konzept, wie Kinder digital von zu Hause lernen können. Willkommen in der Kreidezeit."[93] Immer noch fehlen Konzepte für sichere Bildung und Betreuung. Immer noch existiert keine langfristige Strategie, die Familien und Pädagogen Planungssicherheit gibt. Gute Ideen für Hybrid- oder Digitalunterricht einzelner Schulen oder Lehrer sind entweder nicht umsetzbar, weil Räume fehlen, das WLAN erst 2023 installiert wird oder es am Datenschutz hapert. Oder aber sie wurden auf dem Altar des Präsenzunterrichts geopfert.[94]

Bayern will das neue Silicon Valley werden.[95] Der Freistaat sieht sich als besonders modern. Die „Staatspartei" Christlich Soziale Union (CSU) wirbt seit Jahren mit den Schlagworten „Laptop und Lederhose", mittlerweile mit „Tablet und Trachtenjanker".[96] Im Freistaat Bayern war Digitalisierung zuerst im Finanzministerium angesiedelt, dann kurzzeitig in der Staatskanzlei. Seit November 2018 gibt es ein Digitalisierungsministerium, das sich um die sogenannten groß angelegten Projekte kümmern soll. Die junge Ministerin Judith Gerlach, die zum Amtsantritt bekannte, sich erst einlesen zu müssen, äußert nun: „Es wird von den Bürgern nicht mehr akzeptiert, dass wir ihnen eine analoge Verwaltung präsentieren."[97] Eine digitale Verwaltung hätte in der Tat Vorteile: Sie würde Einfachheit und Effizienz garantieren. Zur praktischen Umsetzung gehören eine starke digitale Identität, die digitale Unterschrift sowie Gesetze und Vorschriften, die sich hier anpassen. Auf diese Punkte geht die Ministerin aber nicht näher ein. Gerlach ist kaum präsent, wie selbst die durchaus CSU-nahe „Passauer Neue Presse" kritisch anmerkt. Blickt man auf die Website des Ministeriums, geht es um die Glückwünsche zu einem deutschen Oscarkandidaten[98] oder um mehr Frauenpower in den Digitalberufen.[99] Als Initiative wird die E-Rechnung angepriesen.[100] Warum gibt es diese nicht schon längst in der praktischen Umsetzung?

Der „Bayerische Rundfunk" bemerkt im Januar 2021 Ähnliches. „So sehr Gerlach auf Kooperation mit den anderen Ministern angewiesen ist, so sehr stößt sie dabei auf Probleme. Schon kurz nach der Regierungsbildung machten ihr die anderen Minister klar, dass sie Gerlach nicht mit offenen Armen empfangen würden. ‚Das ist mein Ministerium', ‚Digitalisierung mache ich selbst', ‚Es gilt das Ressort-Prinzip' – so der Tenor." Behördenmikado führt also zur Frage, ob ein auch für den Bund ab 2021 gefordertes Digitalisierungsministerium wirklich Sinn hat und den Durchbruch bringt.[101] Selbst Insidern im Bayerischen Landtag wie dem Landtagskorrespondenten Alexander Kain ist auch nach Recherchen nicht bekannt, welche Initiativen von der Ministerin ausgingen – nach zwei Jahren und auch während der Corona-Krise im Jahr 2020.[102] Keiner will eigentlich das Digitale. Zwischen Realität und Realisierung klafft daher eine große Lücke, nicht untypisch für die Mythen, die rund um das E-Government entstanden sind.[103]

Das Standortmarketing aus dem Landkreis Miesbach in Oberbayern ist besonders aktiv und innovativ, was Digitalisierung und Lösungen vor Ort betrifft. Ihr Leiter Alexander Schmid sieht hier ein Problem mangelnder Durchsetzungs- und Durchschlagskraft, wie er gegenüber der Bayerischen Staatszeitung äußert. „Da muss ich dann eben als Digitalministerin zum obersten Chef gehen und sagen, das übernehme ich jetzt", findet der Miesbacher Wirtschaftsförderer. „Und wenn das abgelehnt wird, dann sollte man so viel Courage haben und sagen, dann such' dir jemand anders für den Job." Ein weiteres Hemmnis sind seiner praktischen Erfahrung nach doppelte Strukturen: „In Bayern laufen fast gleiche Förderprogramme vom Finanz- und vom Wirtschaftsministerium parallel nebeneinander, ohne dass die digital miteinander verbunden sind. Klar, als Kommune nehmen wir beides gern mit, wenn es geht. Aber mit Effizienz hat das nichts zu tun, da geht es leider oft darum, dass die von verschiedenen Parteien stammenden Fachminister glänzen können."[104]

Ändern soll die Hemmung nun Druck seitens des Staates über ein Onlinezugangsgesetz. Das Gesetz zur Verbesserung des Onlinezugangs zu Verwaltungsleistungen (Onlinezugangsgesetz – OZG) verpflichtet Bund, Länder und Kommunen, bis Ende 2022 ihre Verwaltungsleistungen über Verwaltungsportale auch digital anzubieten. Etwa 600 Verwaltungsleistungen werden in etwa einem Dutzend Themenfeldern aufgeschlüsselt. Der Bürger soll „Behördengänge" in Zukunft über das Netz und damit ohne Gang aufs Amt erledigen können. Dazu gehören Bereiche wie Bildung, Steuern und Zoll, Bauen und Wohnen, Familie und Kind, Ein- und Auswanderung. Gelingt das? Der Autor startete im April 2021 einen Versuch bei der kreisfreien Stadt Amberg. Laut aktuellen Presseberichten sieht das Bayerische Staatsministerium für Digitalisierung die Stadt Amberg als Vorreiter bei der Digitalisierung und auf einem guten Weg mit Blick auf das OZG.[105] Es stellte sich jedoch heraus, dass es schon einen enormen Zeitaufwand erforderte, die für die Digitalisierung zuständige Fachperson zu sprechen bzw. sich in den einzelnen Ämtern durchzufragen, welche Bereiche vollständig online abgedeckt sind. Hier spiegelt sich ganz offenbar die Unsicherheit der Beschäftigten wider, inwieweit ihre Stadt mittlerweile digitalisiert ist und E-Services anbietet. Dabei stehen Bund und Länder unter einem hohen Erfolgsdruck.

Große Zweifel bezüglich der Realisierung haben durchaus eine Berechtigung. Ein Problem ist etwa der bunte IT-Zoo des Staates. Es gibt zwar Dienstleister, die mehrere Kommunen oder gar Bundesländer mit einheitlichen Lösungen versorgen, doch das ist nicht die Regel. Behörden setzen die unterschiedlichste Hard- und Software für dieselben Zwecke ein. So sind z. B. mehr als ein halbes Dutzend Anwendungen für Einwohnermeldeämter am Markt etabliert. Das wäre nicht schlimm, wenn es einheitliche Schnittstellen und Standards gäbe. Diese sind jedoch die Ausnahme.

Ein weiteres Hindernis ist die „zerfaserte Registerlandschaft". Behörden pflegen in der Regel eigene Datensilos und tauschen kaum Informationen untereinander aus. Bürger müssen deshalb ein und dieselben Daten immer wieder aufs Neue eingeben. Wer etwa Elterngeld beantragt, muss dafür der Kommune den Steuerbescheid schicken, der auch beim Finanzamt vorliegt. Für die Nutzerfreundlichkeit ist jedoch das „Once-only-Prinzip" entscheidend, mahnt der Normenkontrollrat. Bund und Länder müssten deshalb schnellstmöglich klären, wie die Behörden künftig – natürlich datenschutzkonform – besser miteinander kommunizieren können. Davon hängen alle weiteren Entwicklungsschritte ab. Hinzu kommt: Die Kommunen erbringen zwar einen Großteil der Verwaltungsleistungen, können aber aufgrund ihrer Selbstverwaltungsrechte von Bund und Ländern nicht zur Digitalisierung gezwungen werden. Im Onlinezugangsgesetz sind sie deshalb mit keinem Wort erwähnt. Sie arbeiten freiwillig an der Umsetzung mit.[106] Am Ende stehen also viele Fragezeichen, zumal sich Digitalisierung nicht oktroyieren lässt.

Ein Land entwickelt Online-Dienst zentral und stellt diesen anderen Ländern zur Mitnutzung bereit

① Ein Land digitalisiert Antrag mit Landes-IT-Dienstleister in einem einheitlichen Design

② Der Online-Dienst wird zentral von Landes-IT-Dienstleister betrieben

③ Anderes Land schließt sich an den Online-Dienst an und kann diesen mit eigenem Landes-Logo nachnutzen

④ Alle beteiligten Länder entwickeln Online-Dienst gemeinsam weiter

"Einer für Alle/Viele" bedeutet, dass ein Land eine Online-Lösung für eine Verwaltungsleistung zentral mit Landes-IT-Dienstleister entwickelt und anderen Ländern zur Mitnutzung bereit stellt

Abbildung 4: Einer für Alle/Viele (Quelle: Bundesministerium des Innern, für Bau und Heimat, Wegweiser „Einer für Alle/Viele", Berlin, Juli 2021, S. 4)

4

E-ESTONIA – MODELL DES DIGITALEN STAATS MIT EINER DIGITALEN GESELLSCHAFT

Kann eine liberale Demokratie in Europa zur Innovations(brut)stätte von Digitalisierung werden? Offenbar ja. Estland gilt als digitaler Trendsetter und Rollenmodell, als Beispiel des Bruchs mit dem Gewohnten. In der Stunde null, also 1991, waren IT-Experten im Lande, die an der kritischen IT-Infrastruktur arbeiten konnten. Bis heute hat sich die Philosophie erhalten: Die neu entwickelten Produkte sollen das Leben im Alltag erleichtern, auch durch den Glauben an Technologie und den dadurch möglichen Fortschritt. Seit einer Generation wird quasi als Erfinderwerkstatt in enger Verzahnung von Staat und Wirtschaft daran getüftelt, „Patente" zu bekommen und dann als E-Services „unter die Leute zu bringen". Rückschläge sind dabei ausdrücklich eingeschlossen und realiter auch passiert.

Die Ergebnisse einer konstanten Weiter- und Fortentwicklung sprechen für sich: Mit wenig Geld gelang ein global beachteter Marketingcoup. Der Österreicher Robert Krimmer, der seit Jahren in Estland lehrt und als einer der weltweit führenden Experten für E-Government gilt, bringt es auf den Punkt: „Was Mozart für Österreich ist, das ist die Digitalisierung für Estland: Sie ist ein extremes Identifikationsobjekt".[107] Krimmer ist als Wissenschaftler nach Estland gekommen, um als Spezialist für elektronische Wahlen den Praxisfall genauer zu studieren. Schließlich gilt die Digitalisierung in Estland als die praktische Vorwegnahme dessen, was heute als Zeitgeist gilt.

Im Land gab und gibt es keine nennenswerte Großindustrie, sodass Wissen zur zentralen Ressource geworden ist. Ob man nun das Bild des lebenslangen Lernens bemühen will oder nicht – eins steht fest: In einer sich schnell wandelnden Welt wandeln sich auch Kompetenzen und notwendige Fertigkeiten. Das hat man im Mikrokosmos „Estland" früh nahezu visionär, erkannt. Der Weg war aus heutiger Sicht alternativlos: Im Zuge der Unabhängigkeit sah Estland sich der Herausforderung gegenüber, ein neues und funktionierendes Verwaltungssystem aufzubauen. Während das Justizsystem etwa von Deutschland kopiert, übernommen und schließlich transferiert wurde (insbesondere bei privatrechtlichen Regelungen analog zum Bürgerlichen Gesetzbuch, kurz BGB), ging man beim Verwaltungssystem neue, ganz eigene Wege. Die Größe des Landes und die wirtschaftliche Lage nach dem Umbruch erlaubten es nicht, eine dezentrale und ineffiziente Verwaltungsstruktur aufzusetzen. Dazu kam, dass viele Regelungen und Gesetze im Laufe der Zeit erst neu entstanden, wenn ein konkreter Fall eingeordnet werden musste oder sich Gesetzeslücken zeigten.

Heute blickt man auf den einstigen rechtlichen Lehrmeister Deutschland retroperspektivisch zurück: Die estnische Staatspräsidentin Kersti Kaljulaid (2016 bis 2021), wie in Deutschland qua Amt eher in Repräsentativfunktion, spricht davon, dass es im globalen Kontext keine andere digitale Nation auf diesem Level gebe.[108] Sie macht eine Rückständigkeit aus, wenn sie über Deutschland spricht: „Die deutsche Industrie ist schon seit den 1990er-Jahren sehr digital. Ich weiß nicht, warum die Industrie hier dann ihre Regierung zurückgelassen hat. Wenn sie der Regierung damals gesagt hätte: Wir brauchen ein gemeinsames Rückgrat, das alle unsere Services miteinander verbindet, und auch die Dienste von dir, liebe Regierung, sodass wir unsere Steuern und andere Dinge online erledigen können – es hätte hier passieren können. Ist es aber nicht. Das Innovative in Estland liegt darin, dass privater und öffentlicher Sektor miteinander kooperieren."[109]

In Deutschland wird alleine wegen des Datenschutzthemas das estnische Modell kritisiert, wie der Autor des Buchs immer wieder erfahren hat. In der Diktatur der Deutschen Demokratischen Republik (DDR) gab es bereits eine Personenkennzahl für alle dort lebenden Bürger. Sie gab es von 1970 an, stand auf jeder Akte und Urkunde. Dass eine einheitliche Nummer in Estland („Isikukood") Voraussetzung für die Nutzung der digitalen Datenstraße, also das digitale Modell, sei, könne in Deutschland nicht zur Norm werden. Die Deutschen sind durch den DDR-Bezug skeptisch, geben nur ungern ihre Daten an den Staat. Ich frage dann nach dem Warum. Die Antwort: Das liege an der doppelten Diktaturerfahrung, insbesondere den Erfahrungen in der DDR. Etwas mehr historische Tiefenschärfe könnte hier an dieser Stelle nicht schaden, betrachtet man, dass Estland ebenfalls eine doppelte Diktaturerfahrung machen musste, bis 1991 sogar als Teil der Sowjetunion.

Die über fünfzigjährige sowjetische Besetzung hatte massive Auswirkungen: Der KGB (das Komitee für Staatssicherheit) verfügte über persönliche, vertrauliche Informationen. Die Weitergabe und Veröffentlichung persönlicher Informationen waren Teil förmlicher Amtshandlungen. Arbeitgeber etwa wussten alles über die Arbeitnehmer, bis hin zu Sexualkrankheiten. Scheidungen wurden mit Namensangabe in der Tageszeitung veröffentlicht. Auf Alkohol positiv getestete Kraftfahrer bekamen Registrierungskennzeichen mit dem Anfangsbuchstaben „O" zugewiesen. Ein Genossenschaftsgericht, das in jedem Amt, jeder Kolchose und vielen anderen Institutionen errichtet wurde, behandelte u. a. Fälle einer „ungenügenden Erziehung von Kindern" oder des „Fluchens von Mitarbeitern".[110]

In der estnischen Hauptstadt Tallinn liegt gleich neben der Altstadt das Hotel Viru, das als Prunkstück der „Sozialistischen Sowjetrepublik Estland" galt. Ganz oben existierte ein besonderes Stockwerk: Die „23. Etage" gab es offiziell nicht, sie war nicht eingezeichnet. Hier operierte der KGB. Die Schaltzentrale überwachte Hotelzimmer sowie alle öffentlichen Räume vom Restaurant bis hin zur Sauna. Das „Museum" kann heute besichtigt werden. Eine besondere Vorsicht gegenüber einer Revitalisierung von staatlicher Spionage, Bespitzelung und Überwachung darf daher unterstellt werden. Es wäre schon grotesk, stünde das Recht auf Privatheit nach diesen historischen Erfahrungen und den damit verbundenen Wunden auf tönernen Füßen. So hat etwa das Recht auf informationelle Selbstbestimmung Eingang in die Verfassung gefunden. Es umfasst das Recht, selbst zu entscheiden, ob und in welchem Umfang Informationen über die betreffende Person gesammelt und gespeichert werden. Auch das Recht auf Unverletzlichkeit des Familien- und Privatlebens hat Verfassungsrang. Ebenso ist eine unerwünschte Informationsverarbeitung, also ohne Zustimmung der betroffenen Person, nicht erlaubt.[111] Bis heute sehen die Esten Wladimir Putins Russland als große Sicherheitsgefahr. Dementsprechend sind die Beziehungen frostig und waren lange gänzlich erkaltet.

Beherzte Schritte in der Digitalisierung sorgten dafür, dass das Land im Nordosten Europas sowohl in der öffentlichen Diskussion als auch im wissenschaftlichen Diskurs als Trendsetter angesehen wird. Ohne Digitalisierung würde das Land kaum beachtet werden – abgesehen von der alten Hansetradition und der Tatsache, dass AIDA-Touristen für einige Stunden Halt in der Altstadt Tallinn machen und von der Unterstadt zur Oberstadt auf Kopfsteinpflaster wandern und dann „von oben" den Blick auf das Meer und die Dächer und Zinnen der Hansestadt genießen. Die deutsche Botschaftsresidenz steht auf dem Domberg (Toompea), der Oberstadt von Tallinn, wenige Meter neben der orthodoxen Kirche und dem Parlamentsgebäude. Nostalgie und Tradition haben einen Mehrwert für Touristen, doch geht es hier um eine mögliche Zukunft, die in der Gegenwart längst praktiziert wird: den digitalen Staat. Die Geschichte dreht sich um: Brachten Deutsche der estnischen Bevölkerung einst das Lesen und Schreiben bei, wirkt es nun bei der Digitalisierung umgekehrt. Seit 2002 sind mehr als 500 Millionen estnische digitale Unterschriften verwendet worden, mehr als im Rest der Europäischen Union insgesamt.[112]

Nicht von ungefähr kamen vor der Pandemie unzählige deutsche Delegationen nach Estland, Familienunternehmer, die Führungsebene der Deutschen Bundesbank, parlamentarische Abordnungen, Staatskanzleien und einzelne Landkreise. Christoph Eichhorn, der von 2015 bis 2019 deutscher Botschafter war, erlebte „goldene Zeiten". Rhetorisch geschult als ehemaliger Radiojournalist, brachte der Charismatiker die deutschen Delegationen in seinen Reden zum Staunen. Er demonstrierte selbst, wie einfach alles geht. Als die deutsche Bundeskanzlerin Angela Merkel im August 2016 nach Tallinn reiste, würdigte sie Estland. Das Land habe „sehr frühzeitig die Chancen der Digitalisierung für sich erkannt", und man könne „mit Fug und Recht sagen, dass Estland eines der innovativsten Länder der Welt ist."[113] Man könne neidisch werden. Sie wolle ihre Ministerien anweisen, nach Estland zu kommen. Der Diplomat Eichhorn „outete" sich stets als Fan von E-Estonia, weshalb er nicht nur bei Filmproduktionen mitwirkte, sondern auch immer wieder nach Deutschland eingeladen war. In der Botschaftsresidenz selbst rannten ihm deutsche Delegationen die Türen ein.

Fakt ist: In Estland wurde nicht nur Skype erfunden, die einzige große kommunikationstechnologische Innovation, die von Europa ausgeht. Dessen Technologie basiert auf einer in Estland 2003 für den illegalen Abruf von Musik programmierten Software. Zugleich drängen kleine erfolgreiche Start-ups auf den Exportmarkt – schließlich sind die Absatz- und Ertragsmöglichkeiten in Estland begrenzt. Der Staat ist vollständig digitalisiert und fördert ganz offenbar auch Innovation und Disruption, wie sich bis heute durch zahlreiche Start-ups im Bereich der digitalen Transformation mitsamt ihren neuen Möglichkeiten nachweisen lässt.[114] Anders gesagt: Wenn der Staat digital „tickt" und sich dementsprechend modernisiert, wachsen neue Geschäftsmodelle offenbar wie Pilze aus dem Boden. Man kann mit Recht sagen: Das, was dem Silicon Valley für private Dienstleistungen als Ruf vorauseilt, ist Estland für den öffentlichen Sektor. E-Estonia steht für die englische Kurzfassung des Begriffs „Electronic Estonia" (elektronisches Estland) und gilt als Markenname, schlichtweg als digitale Republik.[115] Das Land findet nun gerade auch in Deutschland Beachtung, da dort offenbar nach dem Stein des Weisen gesucht und ein Rückstand allerorts beklagt wird. Estland zeigt dazu im Praxistest, dass es den funktionstüchtigen digitalen Staat geben kann. Am staatlichen Budget oder Kapital eines Staates, dass ökonomisch mit postsowjetischen Nachwehen, also einer schwachen Industrieproduktivität, zu kämpfen hat, kann es nicht liegen, ganz im Gegenteil: Estland war ein sehr armes Land. Das Durchschnittseinkommen lag 1992 bei 30 Dollar pro Monat.[116]

Woher kommt also seit Jahren der ständige Verweis seitens der Medien und Politik auf den ehemaligen Ostblock(teil)staat? Ist es einfach ein Hype, eine Projektionsfläche oder ein gelungenes Experiment aus der digitalen Wunderküche – und warum braucht man überhaupt Nach- oder Lernhilfe von außen? Liegt es an dem Kalt- bzw. Neustart, der in Estland fast notwendig war? Die plötzlich eintretende ökonomische und politische Souveränität nach dem Verlassen der Sowjetunion for- derte von großen Teilen der Bevölkerung eine berufliche Neuorientie- rung. Getragen von der Euphorie des Neuanfangs entstand quer durch die Gesellschaft der Wille, ein „neues Estland aufzubauen" – nicht nur in Form eines politischen Willens der Eliten, sondern auch einer großen Veränderungsbereitschaft der Bevölkerung. Innovation und Fortschritts- glaube sind wohl die zentralen Treiber für das „Change-Management".[117] Vor allem waren auch kleine Zirkel als ad-hoc-lösungsorientierte Task Forces entscheidend, wie der frühere estnische Bildungs- und Vertei- digungsminister Jaak Aaviksoo betont.[118] Das ist der Unterschied zur deutschen Philosophie getreu dem Motto: „Wenn Du nicht weiter weißt, gründe einen Arbeitskreis."

Estland konnte in der „Stunde null" von 1991 auf einen technologie- bezogenen Wissenspool zurückgreifen – eine zufällige und glückliche Ausgangssituation. Studiengänge wie Kybernetik – eine der Vorläufer- disziplinen der Informatik – galten in der Sowjetunion im Unterschied zu den klassischen Natur- und Ingenieurwissenschaften als „westliche", „unsowjetische" Fächer. Wissenschaftler an einigen weniger streng beobachteten Standorten, z.B. in Kiew, aber eben auch in Tallinn, arbei- teten auf diesen Gebieten von Mitte der 1950er-Jahre an. Weitgehend unbehelligt konnten sie akademisch forschen und praxisorientiertes Expertenwissen ansammeln. Der Versuch, eine Netzwerkgesellschaft zu schaffen, scheiterte dennoch – auch wegen der überbordenden Bürokratie.[119] Vielleicht war das ein Menetekel. Anfang der 1990er-Jahre sah Estland sich der Herausforderung gegenüber, ein neues und funktionierendes Verwaltungssystem aufzubauen. Während im Justizsystem vieles von Deutschland übernommen wurde (insbesondere bei privatrechtlichen Regelungen analog zum Bürgerlichen Gesetzbuch), ging man, wie schon erwähnt, beim Verwaltungssystem neue, eigene Wege. Die politische Führung stand unter dem Vorzeichen eines Generationenwechsels und der Umstellung auf die Logik der Chancen des Marktes.

Wie weit der Staat nun bei der Bereitstellung von E-Services fortgeschritten ist, zeigt sich jetzt: Es ist möglich, den elektronischen Personalausweis und zwei weitere handybasierte elektronische Identitäts-, kurz eID-Lösungen zusammen für etwa 750 Online-Dienste von öffentlicher Verwaltung, Privatwirtschaft und Gesundheitssektor zu nutzen.[120] Das Land gilt jenseits von Hype und Zeitgeist[121] als Vorreiter, da die Rolle des Staats neu gedacht, operationalisiert und praktiziert wurde – in einer konstanten Weiterentwicklung und mit Lösungen aufgrund einer Infrastruktur.[122] Gebührenpflichtige Hotspots gibt es in Estland nicht, ebenso eine Debatte um Störerhaftung. In fast jeder estnischen Stadt existiert mindestens ein Hotspot, der die Bewohner mit WLAN versorgt. Das Hotspot-Netzwerk WiFi.ee deckt eine Fläche ab, die fast so groß wie das Land selbst ist. Das gilt selbst für die abgelegene Insel Ruhnu mit ihren knapp 60 Einwohnern. Das erstaunliche ist dabei, dass aus Fehlern gelernt wurde. Nur ein Drittel der E-Services hat im Verlauf der Zeit von Anfang an funktioniert, betont der Pionier Jaak Aaviksoo.[123]

Ganz entscheidend sind dabei Plattform wie Infrastruktur, um nicht die beschwerlichen Mühlen der Kleinteiligkeit zu mahlen und im Sisyphos-Status zu verharren. In Estland hilft eine universelle ID-Karte, um dieses Ziel zu erreichen. Die estnische Datenschutzbehörde hat dabei festgestellt, dass die ID-Nummer, die jeder Bürger hat, nicht als sensibel und personenbezogen zu gelten habe. Sie enthält gerade nicht den Personennamen. Die ID-Nummer ist zusammengesetzt aus einer Zahlenkombination von elf Ziffern. Die erste zeigt das Geschlecht an (ungerade Zahl männlich, gerade Zahl weiblich), die folgenden sechs Stellen sind das Geburtsdatum, dann folgen drei als Folgeziffern für Menschen gleichen Geburtsdatums und die letzte Ziffer als Kontrollnummer. Der Mobil-ID kommt eine Schlüsselrolle zu, da auch dort alle Dienste in Anspruch genommen werden können. Die dafür notwendige SIM-Karte kann beim jeweiligen Mobilfunkanbieter erworben werden.

Das einzig verpflichtende Identifizierungsdokument in Estland besteht somit in der ID-Karte, also dem Foto des Karteninhabers und der ID-Nummer. Der Kartenchip erlaubt zwei elektronische Zertifizierungen: eine befugt zur digitalen Authentifizierung der Person – die digitale ID –, die andere ermächtigt den Karteninhaber, Dokumente elektronisch zu unterzeichnen. Kann die Funktionsfähigkeit der ID-Karten plötzlich ins Stolpern geraten? Ein Alarmsignal gab es im September 2017, als plötzlich der nationale Notstand ausgerufen werden musste und ein Ad-hoc-Krisenstab einberufen wurde. Eine tschechische Forschergruppe machte theoretische Risiken aus. Bei der von Sicherheitsforschern entdeckten Lücke könne die digitale Identität eines Karteninhabers theoretisch missbraucht werden, ohne dass Karte und PIN einem Angreifer vorliegen. Um den dazu benötigten geheimen Schlüssel zu berechnen, seien jedoch eine riesige Rechenkapazität und ein spezielles Programm notwendig. Das tangierte auch andere Länder, aber im digitalen Estland wurde der Befund schnell zum Sicherheitsrisiko. Obwohl es keinen realen Fall eines Hacking gab, wurden die Bürger aufgerufen, die eine ID-Karte nach dem Herbst 2014 erworben haben, umgehend ein Update zu unternehmen Das waren in dem 1,3 Millionen Staat immerhin ca. 760.000 Menschen. Diese mussten sofort handeln. Die schnelle Problemlösung sorgte dafür, dass das Thema ebenso rasch erledigt war.[124]

Die digitale Identität eines estnischen Bürgers wird automatisch generiert, wenn der Arzt die Geburtsdaten des Kindes in das E-Gesundheitssystem eingibt.[125] Die Eltern haben dann eine Frist von einem Monat, um den Namen des Kindes zur digitalen Identität hinzuzufügen – online. Das bedeutet, dass jedes Baby bereits eine digitale ID hat. Ebenso können Ausländer, die sich in Estland längerfristig registrieren und damit gemeldet sind, eine digitale ID erwerben. Davon unabhängig gilt das Modell der antizipierenden Verwaltung: Das Krankenhaus meldet den Nachwuchs sofort bei den Behörden an. Damit einher gehen die Anmeldung bei der Krankenversicherung (in Estland gibt es nur eine) sowie die Registrierung von Sozialleistungen wie Kindergeld und weiterer Zuschüsse. Die Eltern des Neugeborenen werden in einer E-Mail darüber informiert, auf welche Leistungen sie Anspruch haben. Die Nachricht brauchen sie nur zu bestätigen, die Antragstellung bei den Behörden, die bisher nach der Geburt nötig war, entfällt. Eltern müssen nichts mehr machen, der Staat wendet sich an die Eltern. In Estland gibt es damit das Modell des lebenslangen Homo digitalis in der Praxis:[126]

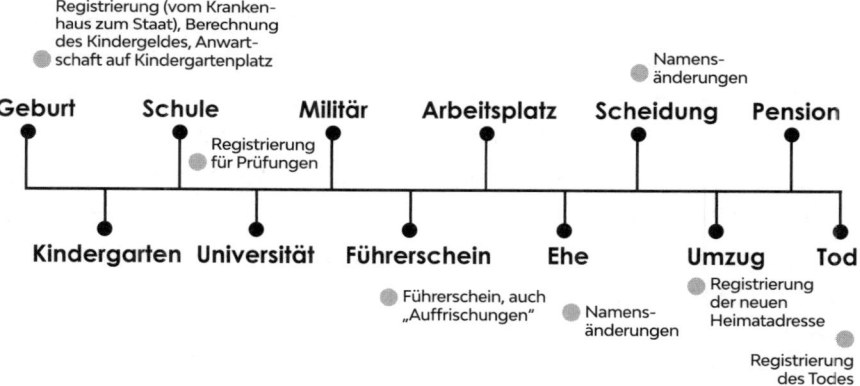

Abbildung 5: Lebenszyklus in der digitalen Welt (Übersetzung des Autors)

Die Karte dient ein Leben lang zur Anmeldung bei Banken, Behörden und Krankenhäusern – insgesamt viertausend verschiedene Dienste ermöglichen die Authentifizierung über die ID-Karte. Mit ihrem Ausweis können Bürgerinnen und Bürger einen Angelschein kaufen sowie einen Fahrpreis für öffentliche Verkehrsmittel bezahlen. Der frühere estnische Bildungs- und Verteidigungsminister Jaak Aaviksoo betont, wie wichtig der politische Wille hierfür war. Die digitale Identität wurde verbindlich festgelegt. Er selbst habe Ende der 1990er-Jahre mit dem Slogan geworben, dass das Internet ein Grundrecht sei.[127] In einem Land, das kaum Budget hatte, war also das Mindset ganz entscheidend.[128] Mindset bezieht sich auf die innere Haltung von Menschen, die dann von einer Gruppe geteilt werden muss. Lässt sich diese Gruppe innerhalb von politischen Entscheidungsträgern und Verwaltungsspitzen finden, wird die digitale Transformation zur Realität.

4.1 ESTLAND 2020/2021: DIE VORTEILE DIGITALER BILDUNG IN DER PANDEMIE

Als die Schulen in Estland Mitte März 2020 schließen mussten, war das Land weit besser als andere für den digitalen Fernunterricht gerüstet. Schon zuvor belegte es den Spitzenplatz im Bereich der „Bildung". Wie wird man zum Spitzenreiter? Gibt es einen Grund? Das wissen die Esten selbst nicht – auf zahlreiche Nachfragen auch vom Autor des Buchs hin. Nahe liegt aber ein Schlüsselfaktor für Lese- und Schreibkompetenz, die Digitalisierung.[129] Bereits von 1999 an hatte die estnische Regierung die Digitalisierung der Bildungseinrichtungen konsequent vorangetrieben. 100 Prozent der staatlichen Einrichtungen, also auch der Schulen, sind miteinander vernetzt. Alle Schulen sind an das Internet angeschlossen, mit interaktiven Smartboards, PCs und Tablets ausgestattet. E-Learning-Unterrichtsmaterialien gelten als Standard, Schulbücher sind digitalisiert. Mit eKool wurde ein Schul-Management-System eingeführt, das nicht nur die Schulverwaltung, sondern auch viele Funktionalitäten für Schülerinnen und Schüler sowie die Eltern umfasst. Dazu zählen ein digitales Aufgabenheft, Lernmaterialien, Noten- und Leistungsübersicht und vieles mehr. Über das E-Schulsystem können sich die Eltern zu jeder Tageszeit über das Schulverhalten ihrer Kinder informieren. Maren Krimmer, eine deutsche Dozentin, die in der estnischen Hauptstadt Tallinn lebt und als Mutter einer damals siebenjährigen Tochter über ihre Erfahrungen berichtet, sagte mir, dass die Pandemie sich gar nicht auf den Schulunterricht ihrer Tochter auswirkte.[130]

Es konnte weiter reibungslos gelernt und gelehrt werden. Die Kommunikation zwischen Lehrern, Schülern und Eltern sei längst institutionalisiert und im täglichen Ablauf erprobt wie bewährt. IT-Unterricht und Programmieren hätten etwa in Lehrplänen einen festen Platz. Schüler, Lehrer und Eltern hätten ohnehin über ein jeweiliges Konto jederzeit die Möglichkeit zum Austausch. Alle Lehrer können ausnahmslos per Chat in der eigenen Plattform kontaktiert werden. Mailinglisten sind damit überflüssig. Längst gilt in Estland die Verpflichtung, alle Schulmaterialen (und Bewertung wie Betragen der Schüler) online in einschlägige Plattformen zu stellen.

Die digitalen Klassenbuch-Plattformen eKool und Stuudium (beide von privaten Unternehmen betrieben), in denen Daten der Lernenden, Abwesenheiten und Hausaufgaben gespeichert werden und die schon seit Jahren in Estland etabliert sind, können mit der Schulbuchplattform Daten austauschen. Lehrkräfte können sogar Links zu einzelnen Aufgaben oder Textabschnitten mit einem Klick als Hausaufgabe aufgeben. Nur 20 bis 30 Schulen in Estland nutzen weder eKool noch Stuudium. Nicht nur die „Deutsche Welle" beklagte, dass Deutschland im Bildungssektor hinter Estland weit zurückliegt.[131] Eine der wichtigsten pädagogischen Prinzipien in Estland ist die Verknüpfung von digitalen Inhalten mit den einzelnen traditionellen Fächern. So kommt beispielsweise im Mathematikunterricht der Grundschule der Roboter Bee-Bot zum Einsatz, der einfache Rechenaufgaben lösen kann, während er sich im Raum auf einem Feld von Rechenaufgabe zu Rechenaufgabe bewegt. Dazu müssen ihn die Kinder allerdings „programmieren", indem sie ihn auf Felder eines Rechenspiels setzen, das er lösen soll. So lernen sie das fundamentale „Wenn-dann"-Prinzip der Programmierung. In der dritten Klasse geht es weiter: Hier lernen die

Kinder, selbst einen Lego-Roboter zusammenzubauen. Schon in der vierten Klasse geht es um die Sicherheit im Internet.

Fördermittel für Schulen (sogenanntes „seed money") wurden im Rahmen einer ersten Initiative unbürokratisch und nach einem wettbewerblichen Verfahren auf der Basis von „Business proposals" der Schulen vergeben („Tigersprung-Programme"). Einen „Masterplan" gab es dabei nicht: Die Weiterentwicklung des Bildungswesens war ein offener, kreativer Prozess. Das aus dieser Initiative entstandene Sponsoring „digitaler Bildung" durch Unternehmen, insbesondere durch Banken, wurde positiv hervorgehoben („Tigersprung-Stiftung" als Auslagerung). 1997 wurde das Programm lanciert. Das Ziel bestand darin, die Schulen Estlands mit Informations- und Kommunikationstechnologie auszustatten, ebenso mit dem Wissen, die Technologie zu nutzen. Das Programm gilt als Meilenstein für die „Internetisierung" der estnischen Gesellschaft.[132] 2000 war der Prozess im Grunde abgeschlossen. Bis heute hat sich aber die enge Verzahnung zwischen Bildung und Start-up-Szene erhalten. Letztere fördert innovative Projekte und Initiativen, auch mit dem Sponsoring einer eigenen Programmierschule in einem benachteiligten Gebiet.[133]

Der Hebel setzte vor einer Generation an Plattformen und Verzahnung an: Über die Kinder wurden auch die Eltern erreicht und eingebunden. Eine besondere Anwendung begeisterte die Eltern: Über die E-School-Anwendung hatten die Eltern digitalen Zugang zum Schulleben ihrer Kinder inklusive Informationen zu Abwesenheiten, Stundenplänen und Noten. Dies schuf auch für die Eltern den Anreiz, sich mit neuen Technologien zu beschäftigen. Das Warten auf einen Masterplan verhindert gerade einen oder gar jeglichen Digitalisierungsschub. Das stellte der bereits oben erwähnte Jaak Aaviksoo, eine der Schlüsselfiguren im estnischen Digitalisierungswunder, klar. Er war als Bildungsminister für den digitalen „Tigersprung" der Schulen in den 1990er-Jahren verantwortlich. In Deutschland redet man davon, dass Lehrer nun, im Jahr 2021, Laptops bekommen. Aaviksoo meint hingegen, dass es gerade nicht um Fragen der Ausstattung geht. Die Knappheit der Ressourcen zielte statt eines Masterplans hingegen darauf, kreative und Bottom-up-Lösungen zu finden. Der Staat gab lediglich den Rahmen und die grobe strategische Zielrichtung vor. Für Aaviksoo sind folgende Prinzipien strukturbildend gewesen: [134]

- Suche motivierte Lehrerinnen und Lehrer, neugierige Schülerinnen und Schüler, ehrgeizige Schulleiterinnen und Schulleiter u.a. als Partner.
- Vertraue den Lehrerinnen und Lehrern.
- Sei offen für verschiedene Hard- und Software-Plattformen.
- Baue Netzwerke.
- Vermeide administrative und fiskale Belastungen.
- Unterstütze Wettbewerb und konstruktive Konkurrenz.

Aaviksoo versteht digitale Kompetenz als Fähigkeit, die für den Erfolg in der Informationsgesellschaft erforderlich ist. Sie umfasse:[135]

- die Fähigkeit, Informationen zu finden und kritisch zu bewerten,
- Kommunikationsfertigkeiten,
- den Willen, sich sicher zu verhalten im Hinblick auf Daten, Gesundheit, Umwelt, Ausrüstung,
- Aneignung zur Erstellung von Inhalten, einschließlich Urheberrecht,
- Problemlösungsorientierung im Umgang mit Technologie.

Hierzulande schlug Friedrich Merz im August 2020 als Innovation vor, dass jede Schule eine Internet-Domain haben solle, jeder Schüler ebenso wie alle Lehrkräfte eine eigene E-Mail-Adresse auf dieser Domain brauche.[136] Das wirkt steinzeitlich, offenbart grundlegende Defizite und wird bestätigt durch Erfahrungsberichte von Eltern über die Praxis in diesen Zeiten.

4.2 DIE ENTWICKLUNG DES DIGITALEN STAATS

Estland blickt nun auf eine Generation des digitalen Staates zurück.[137] An der Zeitleiste (siehe S. 78) lässt sich erkennen, dass ab 1999 kontinuierlich E-Services entwickelt wurden. Entscheidender Baustein für den Erfolg war die Entwicklung der X-Road 2001 (dazu weiter unten mehr), daneben die digitale Identität mit digitaler Unterschrift. Einzelne Wirtschaftszweige wurden dabei von Anfang an in die Digitalisierungsbemühungen einbezogen. Das gilt insbesondere für den Bankensektor. 1995 startete der weltweit erste Internet Banking Service. Bis Ende 1996 wurden etwa 20 E-Services entwickelt. Mit dem Online-Banking entstand früh Vertrauen in digitale Lösungen, die kontinuierlich weiterentwickelt wurden und an erster Stelle standen und bis heute, also seit einer Generation, stehen.[138] Banken boten auch Weiterbildungskurse an, gerade für ältere Menschen, und sorgten für Vertrauen.[139] Früh machte sich auch der Einfluss der Banken auf die Digitalisierung bemerkbar. Sie nahmen die Rolle eines „informellen Leaders" für die ohnehin starke Software-Industrie ein. Die estnischen Banken sind dann unter einen starken schwedischen Einfluss geraten, da Swedbank und SEB Eigentümeranteile erwarben. Der neu eröffnete Markt bot sich an, die vergleichsweise fortgeschrittenen skandinavischen Technologien dort direkt einzuführen. De facto hat das Bankensystem in Estland die Standards gesetzt, indem es Authentifizierungsverfahren entwickelte, die sowohl für den öffentlichen wie den privaten Sektor relevant waren.[140] Vor allem gibt es flächendeckend schnelles Internet, selbst auf den Inseln des Landes. Das estnische Mobilfunknetz bietet zu 100 Prozent 3G, bereits zu 90 Prozent 4G. Breitband ist im ganzen Land vorhanden. Begünstigend ist, dass es keine Berge gibt. 95 Prozent der Haushalte haben Breitbandzugang.

Wie konnte also in einer (neuen) liberalen Demokratie die Digitalisierung implementiert werden, ohne eine mächtige Industrie im Rücken zu haben? Hinter diesem Entwicklungsschritt steckt die Idee einer offenen Informationsgesellschaft. 1998 verabschiedete das estnische Parlament die „Prinzipien des estnischen Informationspolitikfeldes", die an vier Zielen ausgerichtet sind: Modernisierung der Gesetzgebung, Förderung des privaten Sektors, Unterstützung der Kommunikation zwischen dem Staat und den Bürgern sowie die Schaffung eines Bewusstseins für die Probleme einer Informationsgesellschaft.[141] Im März 2000 wurde schließlich der „Digitale Unterschriftsakt" beschlossen – mit der Konsequenz, dass digitale Unterschriften dieselben rechtlichen Folgen haben wie handschriftliche.[142] Die Verfassung schreibt in Paragraph 44 vor, dass jeder das Recht habe auf freien Zugang zur öffentlichen Information. Staatliche Behörden und die örtlichen Regierungsstellen stehen dagegen in der Pflicht, die Bürgerinnen und Bürger über ihre Aktivitäten zu informieren und ihnen Zugang zu den Informationen zu geben, welche die Institutionen über sie haben.[143]

Digitalisierung ist das Leitmotiv Estlands, sie wurde quasi als Top-down-Prozess „von oben" verordnet. Junge Politikerinnen und Politiker erkannten die Bedeutung von Software und Daten im rohstoffarmen Land bereits sehr früh. Die frühzeitige Verbreitung von E-Signaturen hat die Entwicklung von staatlichen und privaten Online-Diensten in Estland stark begünstigt. Estland war das erste Land der Welt, in dem die mobile Positionierung zur Lokalisierung von 112-Notrufen und zu privatwirtschaftlichen Zwecken eingesetzt wurde. Das Mobiltelefon ersetzt den analogen Parkautomaten, den es etwa in der Hauptstadt Tallinn längst nicht mehr gibt. Schon im Jahr 2000 führte das größte estnische Mobilfunkunternehmen EMT ein System ein, das es ermöglichte, in kostenpflichtigen Parkzonen anfallende Parkgebühren per Mobiltelefon zu bezahlen. Viele Akten, etwa Grundbücher, existieren nicht mehr in Papierform. Amtliche Mitteilungen erscheinen seit dem 1. Juli 2003 ausschließlich online. Im April 2021 machten 98,3 Prozent der Estinnen und Esten ihre Steuererklärung elektronisch.[144] 2021 wurde die Möglichkeit der Steuererklärung am 15. Februar eröffnet. Zur Mittagszeit des darauffolgenden Tages waren bereits ein Drittel der Steuererklärungen versendet, also an die 257.000 Erklärungen. Insgesamt werden jährlich 750.000 Steuererklärungen erwartet.[145] Der Schlüssel: Estland hat ein sehr einfaches Einkommenssteuerrecht, weshalb es kaum Steuerberaterinnen und -berater gibt. Für Privatpersonen ist der Beruf nahezu unbekannt. Die „Steuererklärung auf dem Bierdeckel" ist in Estland Realität. Die Generation 60 plus beteiligt sich überdurchschnittlich stark an den landesweiten Wahlen via Mausklick.

Seit 1999 arbeitet das estnische Kabinett papierlos – anfangs mit stationären Computern, mittlerweile mit Laptops und Tablets, welche die Ministerinnen und Minister zu den Sitzungen selbst mitnehmen. Der politische Wille war nach der Euphorie um die Unabhängigkeit ebenso entscheidend wie die Aufgeschlossenheit für IT-Lösungen. Entscheidende Figur war der junge Mart Laar, Premierminister von 1992 bis 1994 und von 1999 bis 2002, der einen neoliberalen Kurs verfolgte und es folgendermaßen ausdrückte:

„I was 32, I was young and crazy, so I didn't know what is possible and what's not, so I did impossible things."[146]

Dieser Pioniergeist fehlt in Deutschland, vor allem das Vertrauen in technische Lösungen seitens der Politik.[147] Wer aus Deutschland nach Estland kommt, kann dennoch nur staunen: Weit mehr als zweihundert staatliche Dienstleistungen lassen sich heute mit einem einzigen elektronischen Ausweis nutzen. Voraussetzung dafür ist eine sichere Authentifikationsmethode im Netz. 2002 hat die Regierung neue, mit einem speziellen Chip versehene Identitätskarten herausgegeben.

Der Erfolg von E-Government in Estland wird wissenschaftlich anhand von folgenden Faktoren festgemacht:[148]
1. EU-Mitgliedschaft,
2. strategisches Denken in der Regierung, was die Implementierung der E-Demokratie betrifft,
3. Aufmerksamkeit auf Detailfragen in IT-Themen,
4. positive Einstellung zum Fortschritt durch Technologie,

5. Start-up-Herangehensweisen (statt Kommissionen und Arbeits-kreise),
6. Anpassungen des rechtlichen Rahmens,
7. Wirtschaftswachstum, generell makroökonomische Stabilität des Landes.

Der in den USA sozialisierte Toomas Hendrik Ilves, Staatspräsident Estlands von 2006 bis 2016, der für seine visionären Leistungen im Bereich der Digitalisierung den Reinhard Mohn Preis 2017 der Bertelsmann Stiftung bekommen hat, erkennt mehrere Voraussetzungen einer erfolgreichen Digitalisierung. Bei seiner Dankesrede am 29. Juni 2017 in Gütersloh benannte er vor einem ebenso hochkarätigen wie staunenden Publikum[149] die sechs entscheidenden Faktoren:

„1. Man braucht einen starken digitalen Identitätsnachweis, der von der Regierung ausgegeben wird – im Fall Deutschlands von den Ländern oder Berlin. (...) 2. Um die Vorteile der Digitalisierung genießen zu können, muss man dieser digitalen Identität einen legalen Status geben, d. h. die digitale Signatur der physischen Signatur gleichstellen. Alle Transaktionen, die eine physische Signatur erfordern, müssen mit einer digitalen Signatur möglich sein. (...) 3. Dieser Identitätsnachweis muss obligatorisch und allgemein gültig sein. Warum? Wenn er optional ist, werden optimalerweise 15–20 Prozent der Bevölkerung ihn wollen. (...) In Estland ist die Zahl der Nutzer digitaler Rezepte von vereinzelten Nutzern auf über 98 Prozent gestiegen. 4. Nutzen Sie die Macht des Ausweises, um die Bürokratie zu transformieren. (...) In Estland (gibt es) eine ‚Once-Only'-Vorschrift; die Regierung darf sie nie um eine Information bitten, die ihr bereits vorliegt. (...) 5. Die Interaktionen mit diesem Ausweis müssen hochsicher sein. (...) 6. Man braucht die richtige Backend-Architektur. Das Backend ist das Rückgrat des Systems. Wir nutzen eine verteilte Datenaustauschschicht, was bedeutet, dass jede Interaktion direkt zwischen Nutzer und Server stattfindet und jedes Mal authentifiziert wird. (...) All diese Lösungen sind technisch und digital, aber alle diese Lösungen erfordern das Analoge: Politik, Gesetze und Vorschriften. Das ist der schwierige Teil – die Technologie ist einfach."[150]

Der Frage der Interoperabilität aller Systeme kommt dabei eine entscheidende Bedeutung zu. Dies beinhaltet die Notwendigkeit eines reibungslosen und bruchlosen Datenaustauschs, der zwischen allen Sektoren der Gesundheitsversorgung möglich sein muss.

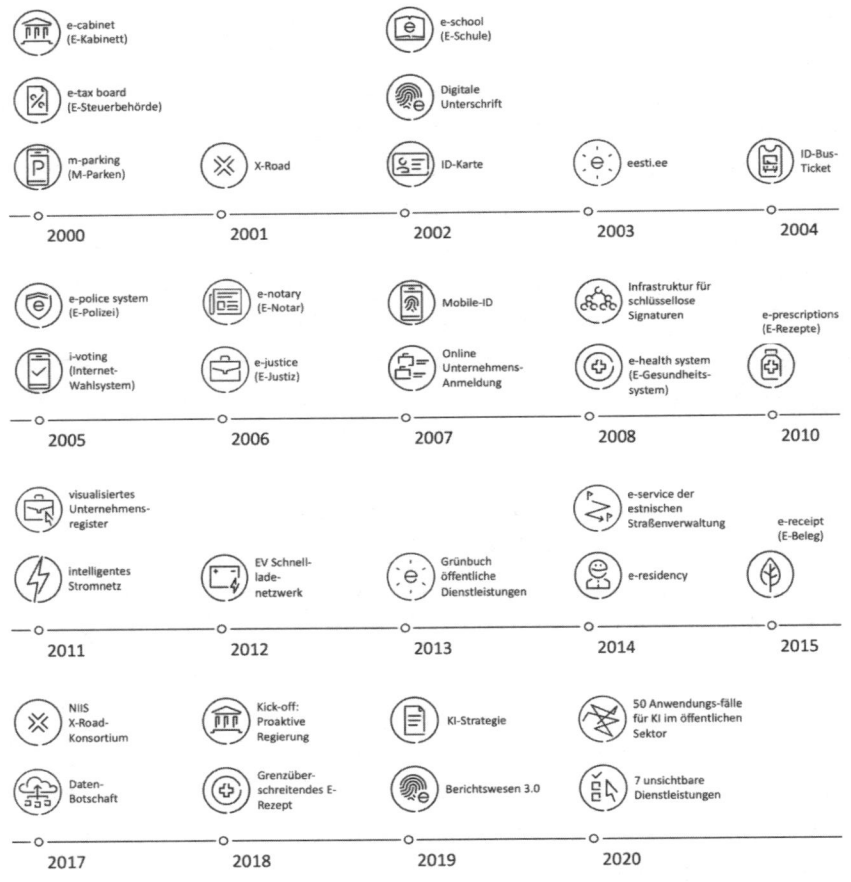

Abbildung 6: Schritte der Digitalisierung Estlands (Quelle: Enterprise Estonia 2020[151])

Wer auf den Zeitstrahl schaut, sieht bis heute eine ständige Fort- und Weiterentwicklung. Entscheidend für das estnische „Wunder" war und ist der enge Austausch zwischen Staat und Wirtschaft. Junge Menschen streben im Land nicht nach Sicherheit in Form einer lebenslangen Beschäftigung beim Staat. Als wesentlicher Wegbereiter des estnischen Weges fungierte Taavi Kotka als Chief Information Officer der Regierung zwischen 2013 bis 2017, der aus der Privatwirtschaft kam und anschließend wieder dorthin zurückkehrte. Der gelernte Softwareentwickler gilt als Spiritus rector des sogenannten E-Residency-Programms, das am 1. Dezember 2014 startete. Es ermöglicht Ausländerinnen und Ausländern weltweit die Möglichkeit, „virtueller Staatsbürger Estlands" zu sein. Das bedeutet zumindest in der Theorie, dass Menschen aus aller Welt Teil der estnischen Gemeinschaft werden und als Firmengründer die schlanken Verwaltungsstrukturen nutzen können. Reale staatsbürgerliche Rechte gehen mit der „transnationalen digitalen Identität" nicht einher. Durch die digitale Identität und digitale Unterschrift sollen gerade Freelancer und Start-up-Gründer angesprochen werden.

Auch hier setzte wieder die von höchster politischer Stelle unterstützte PR ein: Papst Franziskus und Bundeskanzlerin Angela Merkel bekamen eine E-Residency bei ihren Estlandbesuchen ausgehändigt. Im Mai 2021 lag die Zahl der E-Residents bei 81.009 Menschen, die etwa 16.500 estnische Unternehmen gegründet haben.[152] Kotka gab die Parole aus, nicht weniger als eine Neudefinition des Nationalstaats entwickeln zu wollen.[153] Sein Ziel, 10 Millionen bis zum Jahr 2025 zu erreichen, wirkt doch illusionär.[154] Einige Pferdefüße gibt es beim Programm. Der estnische Staat erhofft sich ja einen ökonomischen Mehrwert. Warum soll aber eine Ein-Personen-Firma eine Buchhaltung in Estland unterhalten, wenn dort gar keine Wertschöpfung stattfindet? Hier führt neben den Kontrollen durch die Polizei an den Banken kein Weg vorbei, um auch etwaige Möglichkeiten der Geldwäsche zu vermeiden, die in Estland als Gefahr gesehen wird. An den Stellschrauben wurde nun gedreht.[155] Der praktische Nutzen des Marketingcoups hält sich in Grenzen, wenn kein direkter Kapitalfluss in Estland stattfindet und die Banken ihren möglichen Kunden nicht kennen. Manche Ideen scheinen etwas zu revolutionär, etwa mit dem „Estcoin" eine eigene staatliche Kryptowährung einzuführen. Vorgetragen hatte diese im August 2017 der damalige Direktor des kleinen E-Residency-Teams Kaspar Korjus, geboren 1987.[156] Die Europäische Zentralbank legte schnell ein Veto ein. Mittlerweile wird die anfangs belächelte Idee aber geprüft. Mehr noch: Eine im Juni 2021 gestartete Probephase soll das Großprojekt zur Umsetzung führen. Die estnischen Argumente kommen dabei ins Spiel: Verfügbarkeit und Inklusion.[157]

Der frühe Aufbruch in die digitale Gesellschaft war dennoch erfolgreich: Mittlerweile nutzen 94 Prozent der Bürgerinnen und Bürger die 2002 eingeführte elektronische ID-Karte – Voraussetzung für die Nutzung der E-Services und kompatibel mit dem Mobiltelefon. 99 Prozent aller Banküberweisungen werden in Estland per Internet getätigt. Es gibt eine digitale Krankenakte, in der Arztbesuche, Untersuchungsergebnisse und Medikamente gespeichert werden. Voraussetzung dafür ist die Einwilligung der Patientinnen und Patienten. Rezepte auf dem Papier sind selten und auch nicht notwendig. Der Arzt gibt die Krankschreibung an den Arbeitgeber weiter. Die Lohnfortzahlung im Krankheitsfall erfolgt dann auch automatisch, ebenso die „Entsperrung" bei Genesung. Beim neugeborenen Kind kommen die Daten mit Zustimmung der Eltern digital zum Kinderarzt. Ein weiteres Beispiel ist der Online-Antrag auf Elterngeld: Die benötigten Daten werden automatisch aus dem Familienministerium, dem Sozialversicherungsfonds und der Datenbank des Krankenhauses, in dem das Kind geboren wurde, zusammengezogen. Benötigte Angaben, die bereits bei einer anderen Behörde vorliegen, werden automatisch eingetragen. Nächstes Ziel ist nun der proaktive Staat, der die Dienstleistungen automatisiert und „mitdenkt", wenn es etwa um die Registrierung von Kindergartenplätzen oder Schuleintritte geht. Das ganze System funktioniert ohnehin über „unsichtbare" Dienstleistungen.

Die weitverbreitete eID dient als Identitätsnachweis und somit als Tür-öffner für digitale Dienstleistungen und Behördengänge. Seit 2007 sind die gleichen Dienste auch über eine mobile eID verfügbar. Postgänge sind überflüssig, da die auf der eID beruhende digitale Signatur und die handschriftliche Unterschrift gleichberechtigt sind. Ein Privatunternehmen hat im Auftrag des staatlichen Zertifizierungszentrums eine Software entwickelt, mit der Estinnen und Esten jede beliebige Datei digital signieren können. Das Verfahren ist so einfach wie etwa eine Konvertierung von Word zu PDF.

Neben der eID ist die Hauptbasis des estnischen E-Governments die sogenannte X-Road, ein 2003 eingeführtes zentrales System innerhalb von dezentralen digitalen Plattformen (eesti.ee). Die X-Road ist das Schlüsselelement für die Digitalisierung in Estland. Die Dateninfrastruktur wird von der staatlichen Informationssystembehörde betrieben. Zunächst wurde das System konstruiert, um Abfragen an andere behördliche Datenbanken zu senden. Heute sind über 900 Organisationen und Datenbanken vertraglich über die X-Road verknüpft.[158]

Die sichere Datenaustauschschicht X-Road[159] wird zum Sammeln von Daten aus verschiedenen Registern verwendet. Die X-Road ist eine technologische und organisatorische Umgebung, die einen internetbasierten Datenaustausch zwischen unterschiedlichen Informationssystemen ermöglicht. Alle Register und Statistiken Estlands müssen Mitglied der X-Road sein. Informationen zu den X-Road-Mitgliedern und den von ihnen erbrachten Dienstleistungen sind über das Verwaltungssystem für das staatliche Informationssystem (RIHA) erhältlich. RIHA[160] dient als Katalog für das staatliche Informationssystem. Zugleich steht RIHA für ein verfahrenstechnisches und administratives Umfeld, in dem die umfassende und ausgewogene Entwicklung des staatlichen Informationssystems sichergestellt ist. RIHA garantiert die Transparenz der Verwaltung des staatlichen Informationssystems und hilft bei der Planung des staatlichen Informationsmanagements. Die X-Road beruht im

Wesentlichen auf offenen technischen Standards. Dies verringert die Abhängigkeiten von privaten IT- und Softwareanbietern und erleichtert den Zusammenschluss mit anderen Systemen. Die dezentrale Architektur kann die Anfälligkeit bei Angriffen verringern und gewährleisten, dass Datenbestände auf verschiedene Institutionen verteilt werden bzw. bei unterschiedlichen Verwaltungseinheiten verbleiben. Auf die Errichtung großer Rechenzentren kann größtenteils verzichtet werden. Jedes Ministerium behält die Kontrolle und Verantwortung über die eigenen Datenbestände. Dies erleichtert die Kooperation zwischen Behörden. Um den Ausbau der X-Road in Estland voranzutreiben, wurde eine ministeriumsübergreifende Organisation, die Estonian Information System Authority (RIA), geschaffen, die Verwaltungseinheiten und Behörden in den Standardisierungsprozess aktiv einbindet und die Vernetzung des öffentlichen Sektors beschleunigt. Diese ist zuständig für die Sicherheit des staatlichen Informationssystems und koordiniert zudem die Einbindung von privaten Anbietern, die den eID-Service in eigene Angebote integrieren möchten.

Die Entwicklung des Systems der X-Road im Jahr 2001 kostete schätzungsweise 360.000 Euro. Die jährliche Instandhaltung wird zwischen 200.000 und 400.000 Euro taxiert.[161] Die X-Road spart der estnischen Verwaltung nach Schätzung der OECD in jedem Kalenderjahr rund 804 Arbeitsjahre, während der Gebrauch der elektronischen Signatur laut OECD das estnischen Bruttoinlandprodukts pro Jahr um insgesamt schätzungsweise zwei Prozent minimiert.[162] Wichtiger noch ist, dass das zentralisierte System gegen die „Hackerkultur" arbeitet und Mehrfachidentitäten nicht zulässt. Das Registrierungsproblem während der Flüchtlingskrise 2015 und 2016 in Deutschland wäre nicht entstanden.

Die Public-Key-Infrastruktur (PKI)[163] lässt die sichere digitale Authentifizierung und Signatur zu. Die Infrastruktur ermöglicht auch die Weiterleitung von Daten mithilfe eines Verschlüsselungsschlüsselpars: eines öffentlichen Verschlüsselungsschlüssels und eines privaten Entschlüsselungsschlüssels. In Estland wird diese Technologie in Bezug auf die elektronische Identität (ID-Karte, mobile ID, digitale ID) verwendet. Alle Mitglieder der X-Road gebrauchen digitale Siegelzertifikate zum Signieren von Nachrichten. Bürger und Beamte verwenden elektronische Identitätsmarken. Die estnische Datenschutzbehörde überwacht die X-Road. Fälschlicherweise wird immer wieder behauptet, dass eine Blockchain-Technologie dahintersteht. Dies ist erwiesenermaßen nicht der Fall.[164]

Schon im Jahr 2001 schrieb Arne Ansper, einer der führenden Köpfe hinter der X-Road und Entwicklungsmanager des dahinterstehenden Unternehmens „Cybernetica": „Datenbanken der öffentlichen Verwaltung sollten damit aufhören, isoliert zu sein. Sie sollten stattdessen Zugangsmöglichkeiten nicht nur für die eigene Behörde, sondern für alle autorisierte Personen (unabhängig von der Behörde) schaffen, welche Informationen benötigen. Vor allem geht es darum, den Job effizienter zu bewältigen, was dazu beiträgt, an den Stellschrauben ‚Geschwindigkeit, Sicherheit und Leistung des öffentlichen Sektors' zu drehen. Das neue Internetbasierte Datenbanknetzwerk der öffentlichen Verwaltung kann als E-Staat bezeichnet werden."[165]

Das estnische Modell rückt die Bürgerinnen und Bürger ins Zentrum der öffentlichen Verwaltung. Diese erhalten effiziente Dienstleistungen und erlangen zugleich die Kontrolle über ihre Daten. Eingeschlossen waren von Beginn an viele, seit Jahrzehnten in Estland lebende Russen, die als anerkannte Nicht-Staatsangehörige registriert sind und einen sogenannten „grauen" Pass besitzen. Vorteile des „grauen Passes" bestehen unter anderem darin, visumfrei innerhalb Europas und Russlands reisen zu können, unter das EU-Arbeitsrecht zu fallen und keinen Wehrdienst in Russland leisten zu müssen. Im Jahr 2019 waren das immerhin noch 73.587 Bürger, obwohl der estnische Staat seit Jahren darauf drängt, dass gerade auch Neugeborene die estnische Staatsangehörigkeit bekommen sollen.[166] Auch Ausländer, die in Estland registriert sind, können Teil der Datenstraße werden.

Die „Angehörigen der X-Road" können jederzeit einsehen, wer auf ihre Daten zugreift und sich notfalls dagegen wehren. Gesetzlich verankert ist der Grundsatz, dass staatliche Autoritäten niemals zweimal nach Informationen fragen, welche die Person bereits an die zuständigen Stellen gegeben hat. Dieses konsequent umgesetzte „Once-only"-Prinzip bildete die Grundlage der breiten Akzeptanz der X-Road. Seit 2007 verbietet der Public Information Act eine doppelte Erfassung von Verwaltungs- oder Meldesystemdaten. Er zwingt damit unter anderem Behörden zu einem Austausch von Informationen mit anderen Behörden oder dem Privatsektor. Im System von X-Road gibt es keine doppelt gespeicherten Datensätze, diese sind per Gesetz verboten. Wer die X-Road benutzt, stellt sich den gewünschten Datensatz über Anfragen an die jeweiligen Behörden zusammen. Die über die X-Road verknüpften Organisationen tauschen auf der Basis von geregelten Einzelvereinbarungen Informationen aus.

Zugleich können die Bürgerinnen und Bürger aber auch jede Datenabfrage nachverfolgen. Es wird automatisch ein digitales Zertifikat erstellt, das vor Gericht gültig ist.[167] Die Erfolgsregeln lauten:

- Politische Effizienzvorgabe: keine doppelte Erfassung von Daten im öffentlichen Sektor.
- Das Vertrauen der Bürgerinnen und Bürger in den Staat als Verwalter und Hüter ihrer Daten beruht auf den bisherigen positiven Erfahrungen.
- Hohe Anreize zur Nutzung führten von vornherein zu hoher Akzeptanz der Datenzugriffe autorisierter Stellen.
- Es gibt nach vorherrschender Meinung in Estland keinen Grund, einem Staat mit demokratischen Kontrollinstanzen zu misstrauen, wenn man zugleich bereit ist, Firmen wie Google oder Facebook sein ganzes (digitales) Leben anzuvertrauen.

Dieses Once-only-Prinzip, also die einmalige Datenabgabe an den Staat, wäre auf EU-Ebene längst möglich. Schon im Jahr 2009 kam es zu einer Ministererklärung auf EU-Ebene, die bezeichnenderweise der frühere estnische Ministerpräsident Andrus Ansip in seiner Eigenschaft als Vizepräsident der EU-Kommission federführend unterzeichnete: „Wir werden nutzerzentrierte Dienste entwickeln, die flexible und personalisierte Möglichkeiten im Umgang mit öffentlichen Verwaltungen bieten. Wir werden mehrkanalige Strategien entwickeln, um E-Government-Dienste so wirksam wie möglich anbieten zu können. (...) Wir ermuntern zur Weiterverwendung öffentlicher Daten durch Dritte, um umfassende Dienste zu entwickeln, welche den Wert für die Öffentlichkeit maximieren. Neue nachfrageorientierte Informationsprodukte und -dienste, die auf der Weiterverwendung von Informationen des öffentlichen Sektors beruhen, werden die Entwicklung Europas zu einem wissensbasierten Wirtschaftsraum unterstützen."[168]

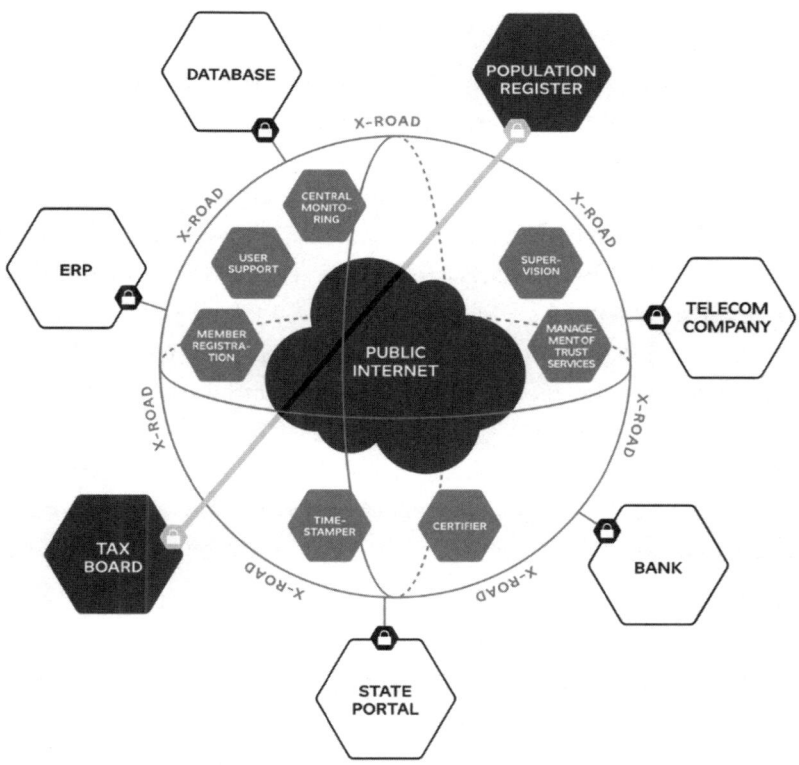

Abbildung 7: Die Vernetzung durch die X-Road (Quelle: Information System Authority 2020[169])

Die Souveränität der Daten liegt beim Bürger. Dieses emanzipatorische Modell setzt voraus, dass dieser auch seine Daten kontrolliert, falls der Staat sich unbefugt Zugang verschafft. Das System ist so angelegt, dass der Bürger sich unmittelbar „zur Wehr setzen kann". Jeder Missbrauch muss demnach streng sanktioniert werden. Wie läuft das in der Praxis ab? Der Bürger kann über einen „Data Tracker" jede Informationsabfrage nachvollziehen und dadurch die Berechtigung der Abfrage prüfen. Vor Datenmissbrauch beispielsweise durch einen Polizisten oder einen Arzt schützt dessen ID, die er für jede Abfrage nutzen muss (Ausnahme bei der Polizei: strafrechtliche Ermittlungen). Unrechtmäßige Datenabfragen werden geahndet. Dies entspricht der durch EU-Recht vorgeschriebenen Ex-post-Kontrolle.

Ganz frei von Missbrauch ist das System nicht. Ein Polizist spionierte vor etwa zwei Jahren seinen Nebenbuhler über die X-Road aus. Er verlor seinen Job. Es gab auch einmal einen Fall, dass die Patientenakte eines ehemaligen führenden Politikers, der einen Schlaganfall erlitt, in den Medien kursierte. Fünf Ärzte hatten darauf Zugriff, einer gab die höchstvertraulichen Daten an Journalisten weiter. Durch das digitale System fand man schnell heraus, wer die strafbare Handlung beging. Der Arzt verlor umgehend seine Zulassung. Freilich war der Schaden da. Die Esten verweisen allerdings, wenn es um diese Diskussion geht, auf den Fall des früheren Formel-1-Champions Michael Schumacher. Schumacher erlitt im Dezember 2013 einen schweren Skiunfall. Wenige Monate später wurde seine Krankenakte (offenbar) gestohlen und europaweit zum Verkauf angeboten.

4.3 GESELLSCHAFTLICHE AKZEPTANZ

Die digitale Transformation kam nicht von „unten", etwa als breite Bürgerbewegung. In Estland gab es auch keine Piratenpartei, die neue digitale Beteiligungsformen ganz oben auf die Agenda setzte und innerparteilich praktizierte. Erstaunlich wirkt aber die Aufgeschlossenheit der Bevölkerung. Eine Generation Erfahrung zeigt im Grunde eine flächendeckende Akzeptanz, die auch Stadt-Land-Gegensätze aufhebt. Obwohl es im Land (immer noch) latente Konflikte zwischen ethnischen Esten und Russen gibt, eint der digitale Staat. Das gilt auch für ethnische Russen, die der estnischen Sprache kaum mächtig sind. Digitale Technologien und vor allem auch ihr Einsatz im öffentlichen Sektor sind in Estland in der Bevölkerung mehrheitlich akzeptiert. Es gibt zwar keine detaillierten Studien dazu, warum die estnische Bevölkerung im Allgemeinen Online-Transaktionen mehr vertraut als Menschen in anderen Regionen. Plausibel ist aber, dass die Existenz von fortgeschrittenen und sicheren Lösungen und das positive Nutzererlebnis eine wichtige Rolle für Vertrauen spiel(t)en. Hervorzuheben ist dabei das Image des Online-Banking.[170] Dies gilt auch für ältere Menschen: Das belegt eine repräsentative Erhebung zur Frage, wie die Generation 60 plus zur digitalen Gesellschaft steht.[171] Immer wieder steht die Befürchtung im Raum, dass die ältere Generation mit allzu rasanten Modernisierungs-, hier speziell Digitalisierungsschüben nicht schritthalten kann, gar abgehängt wird. Mitunter werden Ältere sogar als „digitale Immigranten" beschrieben, da sie sich die notwendigen Techniken erst aneignen müssen.[172]

Mögliche Gründe für eine fehlende digitale Integration können sein:[173]
- altersbedingt (gesundheitliche Probleme, etwa Einschränkung vor Mobilität, des Gedächtnisses oder der Wahrnehmung),
- persönlich bedingt (Angst vor dem Neuen; Frage der Sinnhaftigkeit des Lernens, wenn etwa bereits pensioniert),
- finanziell (gerade in Osteuropa geringere soziale Sicherheit für Pensionäre),
- technologisch bedingt (Dominanz des Englischen als Computerfachsprache gerade für die ältere Generation, in der Sowjetunion sozialisiert, problematisch),
- gelegenheitsbedingt (fehlende Weiterbildungsmöglichkeiten; mangelnder Zuschnitt von existierenden Trainings auf die Zielgruppe).

Besonders aufschlussreich sind für Estland folgende drei Befunde: Die Mehrheit der Befragten hat schon in den 1990er-Jahren mit E-Banking (71,4 Prozent) begonnen, das ebenso beliebt ist, wie es genutzt wird (96,3 Prozent). Daneben erleichtern besonders die E-Tax (88,9 Prozent), die digitale Unterschrift (83,0 Prozent), E-Rechnungen (81,5 Prozent) sowie das staatliche Portal eesti.ee (71,1 Prozent) den Alltag. 32 Prozent der Befragten der über 60-Jährigen nutzen die ganze Palette der digitalen Dienstleistungen.

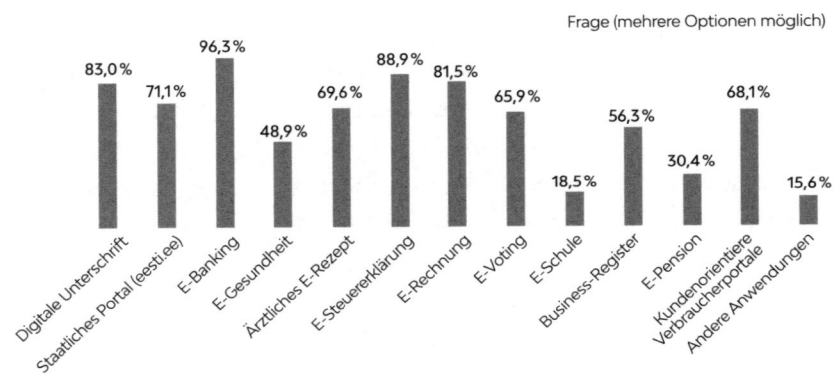

Abbildung 8: Welche digitalen Anwendungen erleichtern Ihren Alltag?

Die digitale Gesellschaft in Estland beruht auf Vertrauen gegenüber dem Staat. Abbildung 9 bestätigt diese Einschätzung, da sich das Online-Banking höchster Zustimmung erfreut, wenn es um die Frage der Alltagsvereinfachung geht.

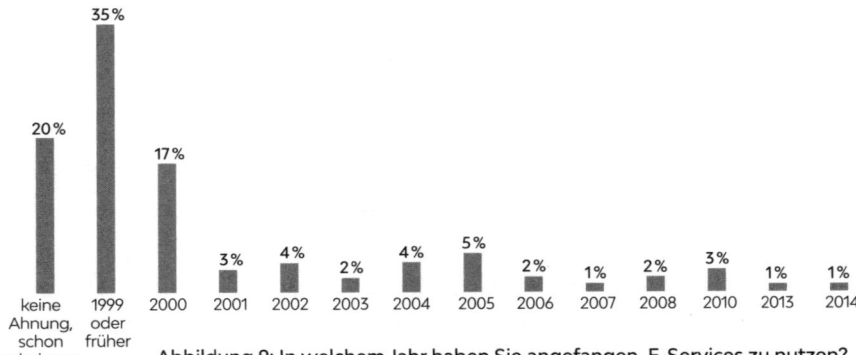

Abbildung 9: In welchem Jahr haben Sie angefangen, E-Services zu nutzen?

35 Prozent fingen schon in den 1990er-Jahren mit E-Services an, zusätzliche 20 Prozent können sich gar nicht mehr genau daran erinnern („so selbstverständlich ist der digitale Alltag geworden").

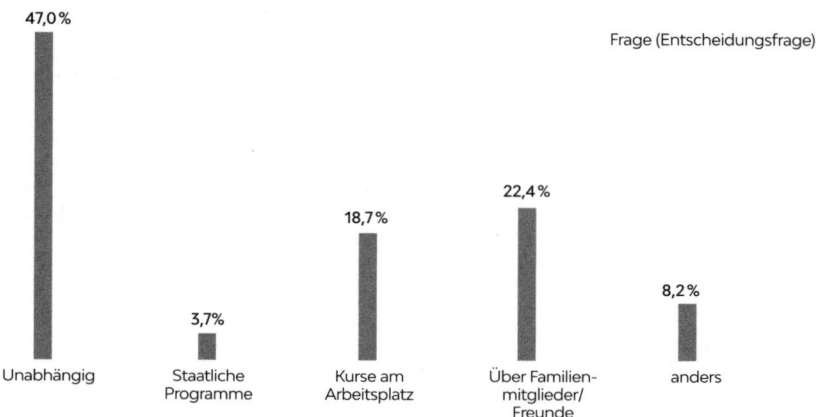

Abbildung 10: Wie haben Sie digitale Anwendungen erlernt?

47 Prozent erlernten den Umgang mit den digitalen Anwendungen selbst, 22,4 Prozent mithilfe von Verwandten und Freunden, 18,7 Prozent am Arbeitsplatz und 3,7 Prozent durch staatliche Programme.[174] Dieser Befund überrascht, startete der Staat doch Ende der 1990er-Jahre zahlreiche Initiativen, auch in Shoppingmalls, um die digitalen Anwendungen zu erklären.

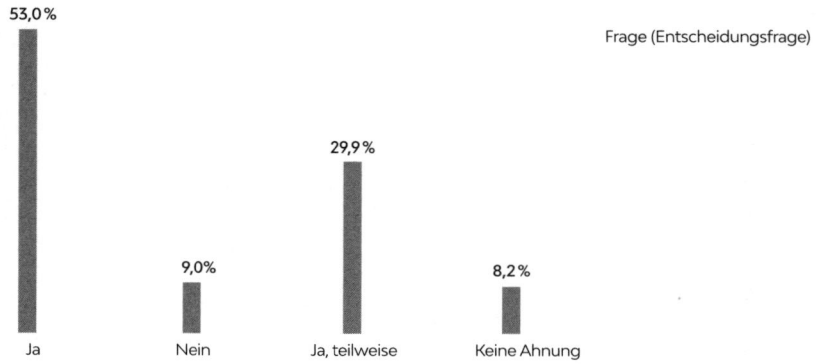

Abbildung 11: Vertrauen Sie darauf, dass die staatlichen Institutionen Ihre privaten Daten schützen?

82,9 Prozent glauben ganz (53,0 Prozent) oder teilweise (29,9 Prozent), dass die staatlichen Institutionen die privaten Daten schützen (nur 9 Prozent meinen nicht, 8,2 Prozent sind unentschlossen).

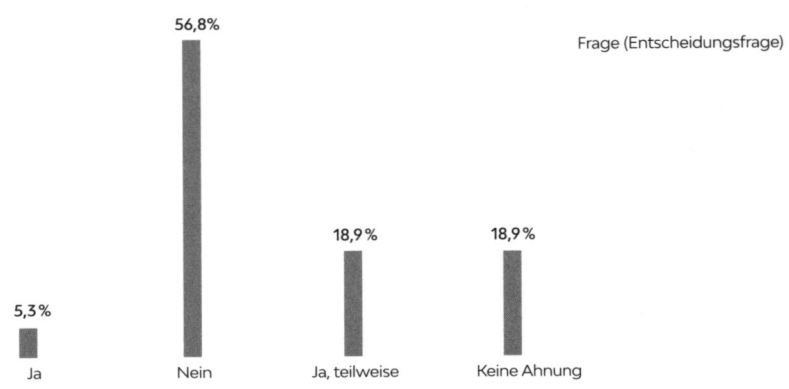

Abbildung 12: Befürchten Sie, dass staatliche Institutionen Ihre privaten Daten gegen Sie verwenden können?

Die Mehrheit mit 56,8 Prozent hat keine Angst davor, der Staat würde private Informationen gegen einen selbst verwenden (5,3 Prozent schon, 18,9 Prozent teilweise schon, 18,9 Prozent sind unentschlossen).

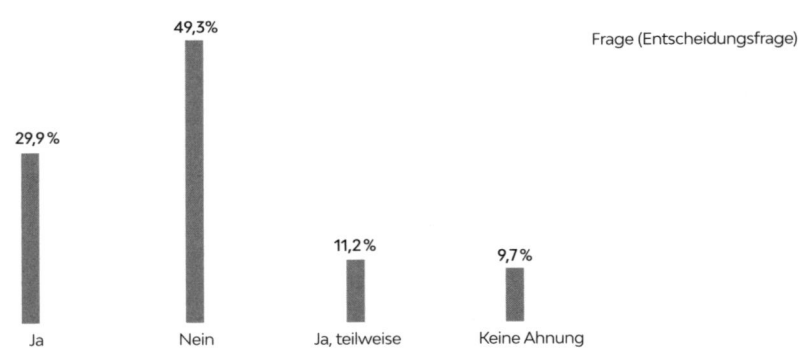

Abbildung 13: Sind Sie der Meinung, dass die Digitalisierung eine Spaltung zwischen den Generationen verstärkt hat?

Wie sieht es mit der Generationengerechtigkeit aus? Die Mehrheit glaubt nicht, dass die Digitalisierung die Generationen spalte (49,3 Prozent). 29,9 Prozent glauben schon, 11,2 Prozent sind unentschlossen und 9,7 Prozent gaben andere Kommentare (wie etwa „die jüngere Generation nutzt die digitale Welt eher für Unnützes"). Interpretiert man die Zahlen, liegt der Schluss nahe, dass das E-Banking für viele Menschen in Estland das Einfallstor zur digitalen Welt war – und das schon in den 1990er-Jahren. Nur eine kleine Zahl griff zunächst auf staatliche Programme zurück, um im neuen Alltag zurechtzukommen. Die Rede, dass die ältere Generation in der digitalen Gesellschaft abgehängt werde, ist eine Mär. Die erhobenen Befunde zeigen die fundamentale Veränderung im Land, seit Estland vor über 20 Jahren in die digitale Gesellschaft aufgebrochen ist. Am Beginn des 21. Jahrhunderts wurde noch eine digitale Spaltung in der Gesellschaft konstatiert, die sich vergrößert habe: Über 60 Prozent der Erwachsenen in Estland würden demnach wegen fehlender Fähigkeiten oder Möglichkeiten nicht das Internet nutzen.[175]

4.4 DATENSCHUTZ UND -SICHERHEIT

Die Frage des Datenschutzes wird im Zeitalter der Digitalisierung völlig neu austariert. Mobilfunkanbieter z. B. haben flächendeckende Informationen, etwa über den Sprach- und Datenverkehr. Smartphones werden zu elektronischen Fußfesseln. Jetzt soll auch noch der Staat selbst digital werden auf Kosten von datenschutzrechtlichen Bestimmungen? Die Deutschen haben mehrheitlich Angst, in der digitalen Gesellschaft ihre privaten Daten preiszugeben. 39 Prozent sehen den Veränderungen durch das Internet und die digitalen Technologien mit Befürchtungen entgegen, geht bereits aus einer Allensbach-Studie von 2014 hervor.[176]

Die Zustimmung zum estnischen E-Government hingegen ist groß, und die Mehrheit der Esten vertraut dem Staat beim Umgang mit persönlichen Daten. Dies liegt wohl auch daran, dass das estnische Modell die

Bürgerinnen und Bürger ins Zentrum der öffentlichen Verwaltung rückt. Diese erhalten effiziente Dienstleistungen und erlangen zugleich die Kontrolle über ihre Daten. Es ist eben nicht ausreichend, analoge Verwaltungsschritte bloß im Internet oder per App anzubieten. Erst wenn verschiedene öffentliche und private Stellen miteinander Daten austauschen, erhalten die Bürgerinnen und Bürger wirklich einen Mehrwert. Sind die Daten einmal angelegt, läuft in Estland vieles automatisch, etwa und besonders signifikant bei der individuell vorausgefüllten Steuererklärung. Die Automatisierung wurde bereits im Jahr 2000 eingeleitet. Innerhalb weniger Wochen ist der Prozess der Steuererklärung mitsamt der Rückzahlung abgeschlossen.

Wenn Online-Behördenangebote datensparsam arbeiten, erhöht das ebenfalls das Vertrauen auf Bürgerseite. Behörden können nur auf Informationen zugreifen, die für sie bestimmt sind. Zugleich können Bürgerinnen und Bürger aber auch jede Datenabfrage nachverfolgen („truth-by-design"). Jeder User kann per Log-Datei immer einsehen, wer wann welche Informationen abgefragt hat. Es herrscht also Transparenz: Bürgerinnen und Bürger in Estland können beispielsweise online prüfen, wann die Polizei über das Kfz-Kennzeichen ihre Daten abgefragt hat. Auch Bearbeitungsstände können im Internet eingesehen werden. Insgesamt wird diese Möglichkeit nur recht wenig genutzt, allein ihr Bestehen scheint schon auszureichen. Zudem werden Verfehlungen streng geahndet, mit harten Strafen bis zu Berufsverboten bei missbräuchlichen Datenzugriffen (etwa unautorisierte Zugriffe von Ärzten auf Krankenakten im Bereich E-Gesundheit).

In Estland bestehen starke, „aber nicht paranoide" Datenschutzvorkehrungen und -regeln. Und es herrscht sogar kein Zweifel daran, dass das deutsche Recht für Estland bei der Verankerung des Rechts auf informationelle Selbstbestimmung Vorbild war. Dieses geht auf das Volkszählungsurteil von 1983 zurück. Dennoch gibt es in Estland den Widerstreit der deutschen Debatte – Informationsfreiheit versus Datenschutz – im

Grunde nicht.[177] Die wesentlichen Elemente hierfür scheinen die Mischung aus spürbaren Alltagsvorteilen des E-Government, Gewöhnung an digitale Abläufe über die letzten beiden Jahrzehnte, die erhöhte Transparenz bei Datenabfragen für Bürgerinnen und Bürger (die in analogen Verwaltungen so nicht gewährleistet ist) sowie harte Strafen bei Missbrauch zu sein. Dabei hält Estland die europäische Datenschutzgrundverordnung ein, die im April 2016 in Kraft trat. Entscheidend ist dabei Artikel 6, der die Rechtmäßigkeit der Verarbeitung von Daten reglementiert. Die Verarbeitung gilt nur als legitim, wenn sie für die Wahrnehmung einer Aufgabe erforderlich ist, die im öffentlichen Interesse liegt oder in Ausübung öffentlicher Gewalt erfolgt, die dem Verantwortlichen übertragen wurde.[178] Seit 2017 sind die öffentlichen Institutionen zum rein elektronischen Datenaustausch verpflichtet.

4.5 CYBERSICHERHEIT IM SCHATTEN DES GROSSEN NACHBARN

Estland war das erste Land, das bereits 2007 Opfer einer groß angelegten Cyberattacke wurde, die wohl aus Russland kam. Der Verdacht liegt auch deshalb nahe, da kurz zuvor eine sowjetische Bronzestatue, die als Monument für die „Leiden des 2. Weltkriegs" an den 9. Mai 1945 als „Tag der Befreiung" und Sieg über das „nationalsozialistische Deutschland" erinnert, aus dem Stadtzentrum entfernt wurde. In der Folge gingen ethnische Russen in Estland auf die Barrikaden, da sie ihre Gefühle verletzt sahen. Die Attacke könnte also als „Trigger" wie „Racheakt" verstanden werden, da das ohnehin schwierige Verhältnis zwischen Estland und Russland empfindlich gestört war – mit kurzzeitig drastischen Folgen. Webseiten der Regierung, von Ministerien bis hin zum Bankensektor wurden für einige Stunden lahmgelegt. Das Online-Banking war gestört. Da die große Mehrheit des Datenverkehrs außerhalb von Estland lokalisiert wurde, schlossen einige Banken zeitweise ihren Außenhandel. Die Attacken dauerten vom 27. April bis 18. Mai 2007 an. Anfragen an die Regierung beschimpften den damaligen Premierminister Andrus Ansip als „Faschisten". Anleitungen, wie sich estnische Websites angreifen lassen, fanden sich in vielen russischsprachigen Foren und auf Websites.[179]

In der Folge der Attacken rückte das Thema der militärischen Cyberverteidigung zunehmend in den Fokus der internationalen Politik, und viele Staaten begannen, diese in ihren Sicherheitsdoktrinen zu verankern. Im August 2008 wurde das NATO-Exzellenz-Zentrum CCDCOE (Cooperative Cyber Defence Centre of Excellence) in der Hauptstadt Tallinn eröffnet, das sich, auch mit starker deutscher Beteiligung, militärisch und sicherheitspolitisch mit dem Cyberspace befasst. Die estnische IT-Behörde RIA ist zuständig für die Cybersicherheit im Land. Etwa 1000 staatliche Cyberschützer gibt es in Estland, dazu kommt ein hoch entwickeltes IT-System, das automatisch Eindringlinge abwehrt. Außerdem gibt es eine Art freiwillige IT-Feuerwehr – mit Übungen am Wochenende – für Informatikerinnen und Informatiker, die im Ernstfall ihr Land unterstützen wollen.[180] Cybersecurity kann bereits sogar an vielen Schulen als Wahlfach belegt werden, einige sind darauf spezialisiert. Die estnische Präsidentin Kersti Kaljulaid (2016 bis 2021) sieht das Horrorszenario, das dem estnischen Staat widerfahren könne, nicht in einem neuen Cyberangriff aufgrund von Systemmängeln oder -schwachstellen, sondern in einem schwindenden Vertrauen der Bürger in die digitale Gesellschaft.[181] Estland hat angefangen, regierungsrelevante Daten im Ausland zu sichern. Die erste „Daten-Botschaft" wurde Anfang 2018 in Luxemburg eingerichtet. Die Daten wären im Fall des Falls als „Back-up" verfügbar und bleiben Teil des estnischen Rechtsraums. Um Systeme vor Cyberattacken zu schützen und Schwachstellen ausfindig zu machen, braucht es stets bessere Sicherheits- und Datenschutzlösungen – und Menschen, die sie kennen und verwalten. Nicht nur in Estland geht die Gefahr von Russland aus: 2018 griff eine Gruppe professioneller Hacker, von Russland gelenkt, das Datennetz der Bundesverwaltung an. Betroffen waren das Auswärtige Amt und das Verteidigungsministerium. Im Herbst 2020 waren Finanzinstitute des Bundes von Cyberattacken beeinträchtigt.[182]

4.6 E-VOTING

Immer wieder ist die grassierende Wahlmüdigkeit ein Thema. Wählen ab 16, Wählen in Supermärkten, Einkaufszentren oder Bahnhöfen lauten häufig gehörte Vorschläge. Eine Alternative ist das E-Voting, das es nicht nur als Modell auf der grünen Wiese gibt. In Estland als einzigem Land der Welt ist diese Möglichkeit selbst bei nationalen Wahlen gegeben. Das Vertrauen in das Sicherheits- und Datenschutzniveau muss dafür als Grundvoraussetzung gelten. Dabei hängt es von mehreren Stakeholdern ab, den Prozess zu organisieren. Die Wählerinnen und Wähler sollten das System nutzen, wobei von einer ansteigenden Zahl auszugehen ist. Politikerinnen und Politiker überlegen genau, ob ihnen die Technologie nutzt. Das zeigen etwa die zermürbenden Debatten um eine Wahlrechtsreform für den Deutschen Bundestag, zumal der Bundestag durch mathematische Effekte in der Legislatur von 2017 bis 2021 deutlich aufgebläht war. Dennoch konnten sich die Fraktionen nicht auf eine Reform einigen.

Die Frage ist auch, wer ein E-Voting technisch anbietet und entwickelt. Nicht zuletzt geht es um den Aspekt, wie Vertreter der Medien und Wahlbeobachter mit einer derartigen Innovation umgehen.[183] Die Verantwortung liegt dabei in einem hohen Maße beim Wähler, da er selbst für ein intaktes Endgerät sorgen muss. Gerade hier müssen hohe Standards gelten, was die Benutzbarkeit angeht. E-Voting kann als anspruchsvollste Form der E-Beteiligung gelten, quasi als Königsdisziplin digitaler Beteiligungsformen. Vor allem braucht der Wähler ein Höchstmaß an Sicherheit, um nicht in eine Systemfeindschaft zu verfallen und Verschwörungstheorien über Wahlmanipulation zu erliegen. Dass diese Gefahr besteht, zeigte sich in den Vereinigten Staaten von Amerika, als der abgewählte Präsident Donald Trump diese Gerüchte so weit schürte, dass es am 6. Januar 2021 sogar zu einem „Sturm auf das Kapitol" kam. Auch ist wird die Debatte um Chancen wieder vergiftet, nachdem die Daten in den sozialen Medien dazu verwendet werden können, um Wahlmanipulationen zu generieren.

Theoretisch ermöglicht das Internet-Voting den Wählerinnen und Wählern die Teilnahme am Abstimmungsverfahren ihrer Wahl in kürzester Zeit von jedem Ort aus. Diese Technologie verspricht außerdem, mehr Wählern die Abgabe ihrer Stimme zu ermöglichen und damit zumindest potenziell die Wahlbeteiligung zu steigern. Die Einhaltung dieser Versprechen könnte dem wichtigen Ziel, Politikern und Volksvertretern eine Möglichkeit zu verschaffen, sich durch die Befürwortung einer neuen Abstimmungstechnologie für den Kernprozess der Demokratie als modern zu präsentieren, zugutekommen. Nicht nur das: E-Voting kann in Regionen, wo traditionelle Verfahren wie Stimmzettel aus Papier nur eingeschränkt verfügbar sind, zusätzliche Vorteile bieten, etwa die Unterstützung körperlich oder sehbehinderter Wähler. Die Teilnahme in entlegenen Gebieten wäre möglich. Estland ist vermutlich das beste Beispiel für diesen politischen Schachzug – auch mit Blick auf den Servicegedanken.[184] Dort wurden diese Weichen nicht nur gestellt, sondern auch – weltweit einmalig – nach einer Entwicklungsphase umgesetzt. Die „Set-up-Phase" begann 2002, initiiert von Gesetzesänderungen im Wahlrecht.

Mit den Kommunalwahlen 2005 und den Parlamentswahlen 2007 hat das Land ein landesweites E-Voting eingeführt. 2005 waren es nur 2 Prozent der Bevölkerung, die von der neuen Möglichkeit Gebrauch machten. Das hat sich mittlerweile stark geändert. Die anspruchsvollste Form der E-Demokratie ist mittlerweile anerkannt, was auch das Nutzerverhalten bestätigt. Vor allem geht es auch um das Branding einer Nation. Bei der Wahl zum Europäischen Parlament im Mai 2019 hat fast jeder Zweite der 1,3 Millionen Einwohnerinnen und Einwohner (47 Prozent) die Stimme online abgegeben. Immer wieder ist es zu Beschwerden gekommen, was Gleichheit, Sicherheit, Verfassungsgrundsätze und Verfahren anbetrifft. Verletzungen von demokratischen Grundsätzen konnten aber bis heute nicht nachgewiesen werden.[185]

Die Estinnen und Esten können ihre Stimme im Wahlzeitraum beliebig oft abgeben – nur die letzte abgegebene Stimme zählt. Damit lässt sich das Problem des Stimmenkaufs oder Wahlzwangs verringern. Das kommt natürlich auch den rund 200.000 Estinnen und Esten im Ausland entgegen. Sie können damit einfach an der Wahl zu Hause teilnehmen, ohne auf den langen Postweg setzen zu müssen. Der Autor des Buchs hat deshalb Wahlen verpasst. Für das E-Voting braucht man lediglich den elektronischen Personalausweis, der über einen Sicherheitschip mit persönlicher digitaler Signatur verfügt, und ein Kartenlesegerät, das man im Supermarkt kaufen kann. Der Wähler kann dann auf die Wahlwebsite zugreifen. Hier trifft er die Auswahl unter den Kandidatinnen und Kandidaten und bestätigt diese mit seiner zweiten Geheimzahl, die im estnischen System vorgesehen ist. Danach wird ein QR-Code angezeigt. Bei der Übertragung der Stimme gilt das „Zwei-Umschlag-Prinzip". Das bedeutet, dass die elektronisch abgegebene Stimme doppelt asymmetrisch verschlüsselt in einem „inneren elektronischen Umschlag" gespeichert wird. Die Wählerdaten werden in einem unabhängig verschlüsselten Datensatz in einem „äußeren" gespeichert. Für die Stimmauslesung ist ein weiterer Code nötig. Dieser ist auf die Mitglieder der Wahlkommission so verteilt, dass sie nur gemeinsam den Code verwenden können.[186] Eine gründliche Auswertung ergibt, dass der typische E-Voter 45 Jahre alt ist. Der Prozess dauert zwei bis vier Minuten, wobei über 75-Jährige sogar schneller wählen als unter 25-Jährige. Eine Vermutung ist, dass sich die Älteren wohl schneller in der Wahlentscheidung festlegten.[187] Demokratie und Partizipation sind Themen, die für die Bürgerinnen und Bürger eine Auseinandersetzung mit modernen Technologien ermöglichen.

Es wäre wohl falsch verstanden, das E-Voting als einen weiteren öffentlichen Service abzutun, der auf Bürgerbedürfnisse eingeht. Es gab keine breitere Bürgerbewegung, die sich für das E-Voting stark machte. Auch hier ging die Initiative von jungen Politikern aus, etwa vom früheren Premierminister Mart Laar.[188] Das E-Voting ist ein Baustein (von mehreren), wenn nicht sogar ein integrativer Teil des Narrativs „digitaler Staat"[189], wobei es nicht als Einfallstor hochstilisiert werden sollte. Die Aversionen in Deutschland sind bislang mit dem Datenschutzargument so groß, dass eine baldige Umsetzung nicht zu erwarten ist. Die Nutzerfreundlichkeit und die Einfachheit erfolgen aber nach dem „Apple-Prinzip". Apple wartet mit neuen Produkten, bis das dementsprechende Umfeld geschaffen wurde. Die Feingliedrigkeit der deutschen Verwaltung und des Föderalismus als Strukturprinzip gelten als weitere Argumente, um E-Voting in Deutschland zu blockieren. Dabei sprach der damalige Bundesinnenminister Otto Schily im Jahr 2001 davon, dass (frühestens) 2010 Online-Abstimmungen zur Bundestagswahl möglich seien. Der Prozess dauere eben so lange.[190] Er wusste wohl damals nicht, wie lange es dauern wird. Für die Bundestagswahl 2021 war eine Online-Abstimmung noch immer nicht möglich. Vor allem aber gibt es nicht einmal eine Debatte darüber. Das Thema ist von der politischen Tagesordnung verschwunden, selbst in politischen Sonntagsreden. Auch in anderen Ländern Europas wie in Norwegen stoppten anfängliche Erfolg versprechende Bemühungen, was am mangelnden politischen Umsetzungswillen lag.[191]

Wäre ein E-Voting in Deutschland rechtlich überhaupt möglich? Das Bundesverfassungsgericht (BVerfG) hat im Jahr 2009[192] über die Verfassungsgemäßheit des Einsatzes von (elektronischen) Wahlgeräten entschieden. Die dem Einsatz dieser Wahlgeräte damals zugrundeliegende Bundeswahlgeräteverordnung befand es insofern als verfassungswidrig, als sie nicht sicherstellte, dass nur solche Wahlgeräte zugelassen und verwendet werden, die den verfassungsrechtlichen Voraussetzungen des Grundsatzes der Öffentlichkeit genügen. Aus dem Urteil ergibt sich jedoch kein grundsätzliches verfassungsrechtliches Verbot von Wahlgeräten bzw. Wahlcomputern. Vielmehr stellte das BVerfG Maßgaben auf, unter denen ein Einsatz von elektronischen Wahlgeräten zulässig sein könnte. Wählerinnen und Wähler müssten ohne IT-Kenntnisse erkennen können, ob ihre Stimmen unverfälscht für die Auszählung/Nachzählung erfasst wurden – eine elektronische Anzeige „wurde registriert" gilt nicht als vollwertig. Stimmen dürfen also nicht ausschließlich elektronisch gespeichert werden. Wenn es eine rechnergesteuerte Auszählung auf der Grundlage elektronisch gespeicherter Stimmen gibt, genügt ein Ausdruck nicht. Auch die Anzeige eines „zusammenfassenden Ergebnisses des Rechenprozesses" reicht nicht aus, da dieses nur zeigt, ob so viele Stimmen erfasst wurden wie zugelassen. Das BVerfG führt aus, dass die Kontrollierbarkeit nicht durch eine Überprüfung der Geräte auf technische Unversehrtheit etc. auszugleichen ist, die amtliche Institutionen durchführen. Auch eine „Beteiligung der interessierten Öffentlichkeit an Verfahren der Prüfung oder Zulassung" reiche nicht aus. Jeder Wähler selbst muss die Wirksamkeit seiner Stimmabgabe nachvollziehen können. Im Interesse der zeitgemäßen Weiterentwicklung des demokratischen Systems könnte der Faden wieder aufgenommen und verfolgt werden.

E-Voting kann hierzulande aber nur implementiert werden, wenn die technischen, also praktischen (Sicherheits-)Fragen vertrauenswürdig gelöst werden.[193] Gleichwohl gibt E-Voting keine Garantie dafür, dass die Wahlbeteiligung steigt. Der estnische Fall offenbart auch, dass die Online-Wahl keine Gewähr ist vor Radikalisierung, wie die vergangene Wahl von 2019 belegt. Eine Partei, die Angst vor Ausländern schürte, homophobe Töne von sich gab, konnte mit 17,8 Prozent in das Parlament einziehen. Als Regierungspartner für zwei Jahre nährte die Partei Zweifel an der Rechtmäßigkeit des E-Voting.[194] Das lag wohl auch daran, dass eher liberale Kosmopoliten vom E-Voting Gebrauch machten.

5

ANWENDUNGSBEISPIEL
E-GESUNDHEIT

5.1 PROBLEMSTELLUNG UND RELEVANZ

Deutschland im Jahr 2021: Enise Lauterbach, eine heute 46-jährige Fachärztin für Kardiologie, erklärt, warum sie im Sommer 2019 ihre Arbeit als Chefärztin in Trier hinwarf und den Sprung in ein Start-up für Gesundheitsanwendungen wagte. Deutschland stecke noch in der Steinzeit fest, lautet ihre These. In einem Interview vom April 2021 macht sie aus ihrem Unmut keinen Hehl: „Der Informationsaustausch ist grottig, um es salopp zu sagen. In Deutschland kommunizieren Ärzte untereinander immer noch per Telefon, Fax und über die Post. Die meisten Dokumente kommen mit dem Briefträger. Die Einführung der elektronischen Patientenakte ist 2003 beschlossen worden – und nichts hat sich getan. Wenn ich eine Akte brauchte, ging das nur per Fax, oder die Informationen waren tagelang mit dem Postboten unterwegs. Wenn für Patienten Termine für Nachsorgeuntersuchungen gemacht werden müssen, sind stundenlange Warteschleifen für uns Beschäftigte im Gesundheitswesen keine Seltenheit. Das ist eine Katastrophe, das hat mich wahnsinnig gemacht, immerhin geht es um Menschenleben. Manche Befundübermittlung duldet keine Zeitverzögerung. Ich wollte dagegen etwas tun."[195]

Das Problem mit den Gesundheitsämtern – die Covid-19-Krise hat es gezeigt – besteht zum einen darin, dass es keine integrierten Lösungen gibt, zum anderen, dass die Kommunikation nicht funktioniert. Es wird mit verschiedener Software gearbeitet. Statt einer Strategie zu einer einheitlichen Architektur existieren einzelne Insel- oder Patchworklösungen. Die große Schwachstelle ist, dass es keine einheitliche Identität gibt. Es mangelt daher an Identifizierung und Schnittstellen. Die Patientin oder der Patient kann daher auch nicht nachvollziehen, wie seine Daten verwendet werden. Weniger die Qualität der Software ist das Problem, sondern die Anzahl der Akteure. Gerade mit Blick auf die Frage der Nachverfolgung von Covid-19-Infizierten hat sich dieser Umstand als großes Problem erwiesen. Dabei ist das deutsche analoge Modell keineswegs sicher. Im Gegenteil: Gesundheitsdaten sind auch in Deutschland leicht zu stehlen, gerade auch durch die technischen Mängel vieler Arztpraxen. Die Krankenkassen sind allerdings gesetzlich verpflichtet, ihren Mitgliedern bereits vom 1. Januar 2021 an eine elektronische Patientenakte anzubieten.[196]

Die Digitalisierung des Gesundheitswesens ist vor allem eine Möglichkeit, die Eigenverantwortung der Patientinnen und Patienten sicherzustellen und die Bürgerinnen und Bürger im Austausch mit den Beschäftigten des Gesundheitswesens zu gleichwertigen Partnern zu machen. E-Gesundheit ist ein breit gefasstes Konzept, das als die Nutzung des elektronischen Mediums für die Bereitstellung gesundheitsrelevanter Informationen, Hilfsmittel und Leistungen definiert wird. Mit E-Health/ E-Gesundheit ist der Einsatz von Informations- und Kommunikationstechnologien (IKT) im Gesundheitswesen gemeint.

Der Komplex „E-Gesundheit" umfasst mehrere Konzepte:[197]
- die elektronische Patientenakte ist ein System, das Daten der verschiedenen Gesundheitsdienstleister integriert, um eine gemeinsame Akte zu erstellen, auf die jeder Patient online zugreifen kann;
- mobile Gesundheit oder M-Gesundheit (Apps, tragbare Technologien, medizinische Geräte);
- Telemedizin (wenn ein Patient zum Beispiel per Computer, Tablet oder Telefon ärztlichen Rat einholt);
- gesundheitsbezogenes E-Learning (Nutzung von Technologien und Medien für die Ausbildung und Schulung des Gesundheitspersonals und die Aufklärung der Allgemeinheit);
- soziale Medien für Gesundheit (informelle Online-Kommunikationskanäle);
- Analyse von Gesundheitsdaten und Big Data (Umwandlung von Daten zur Gewinnung von Erkenntnissen und Evidenz für politische Entscheidungsprozesse).

Die Europäische Kommission sieht in der E-Gesundheit ein ganz zentrales Ziel: „Die Macht der Daten ist auch im Gesundheitssektor von ausschlaggebender Bedeutung. Elektronische Patientenakten, die in einem europäischen Raum für Gesundheitsdaten erfasst werden, können zu einer besseren Behandlung schwerer chronischer Erkrankungen, einschließlich Krebs und seltener Krankheiten, aber auch zu einem gleichberechtigten Zugang zu hochwertigen Gesundheitsdiensten für alle Bürger führen."[198]

Estland setzt hier ganz auf digitale Lösungen. 99 Prozent der Estinnen und Esten haben eine digitale Patientenakte, deren Verwaltung einfach über ein Smartphone erfolgt. Der reibungslose und medienbruchlose Datenaustausch zwischen allen Sektoren der Gesundheitsversorgung kann Leben retten, etwa bei der Organspende. Alle estnischen Bürgerinnen und Bürger dürfen in ihrem Verwaltungskonto per Mausklick und Eingabe ihres Pins angeben, ob sie Organspender sein möchten oder nicht. Sie sind in der Lage, ihre letzten Arztbesuche inklusive Befunde einzusehen, dazu Blutwerte oder Röntgenaufnahmen. Zudem können sie überprüfen, was die einzelnen Leistungserbringer abgerechnet haben. Ärztebuchungen erfolgen digital, Sprechstunden werden online abgehalten. Prozesse wie Krankschreibungen sind automatisiert und papierlos. Eine Orthopädin oder ein Orthopäde hat beispielsweise nicht nur die Überweisung vorliegen, sondern kann sich mithilfe der elektronischen Patientenakte auch einen Überblick über die bisher erfolgten medizinischen Interventionen verschaffen – von den verordneten Arzneimitteln über die jüngsten Arztbesuche bis hin zu möglichen Krankenhausaufenthalten. In der Akte sind die Besuche bei einem der ca. 800 Hausärzte Estlands samt den Diagnosen und Befunden hinterlegt. Dies gilt auch für die Art und Zahl der verordneten Medikamente sowie etwaige Einweisungs- und Entlassungsbriefe für die stationäre Versorgung in einem der rund 50 Krankenhäuser.

Die Sicherheitsstandards im estnischen Gesundheitssystem werden durch sechs Techniken garantiert:
- sichere Identifizierung;
- digitale Unterschrift;

- Transparenz in allen Aktionen;
- Coding der persönlichen Daten, damit Trennung der persönlichen von den medizinischen Daten;
- verschlüsselte Datenbanken, die das Vertrauensrisiko durch die technischen Administratoren des Systems minimieren;
- Monitoring aller Aktionen (schnelles Handeln bei Missbrauch).

Estland startete sein System elektronischer Patientenakten im Jahr 2008 und führte als weltweit erstes Land ein System flächendeckend ein, bei dem eine Akte jeweils die gesamte medizinische Geschichte der betreffenden Person von der Geburt bis zum Tod beinhaltet. Im Jahr 2009 übertrug Estland im Zuge eines Informationsaustauschs im Gesundheitswesen alle medizinischen Aufzeichnungen in das System. Diese Nutzung von E-Gesundheit wurde zuvor gesetzlich verankert: über das Gesetz zum Gesundheitsinformationssystem (2007) und das Staatliche Regulierungsgesetz für den Austausch von Gesundheitsinformationen (2008).

Inzwischen sind Informationen über die Gesundheit von 1,3 Millionen Menschen in das System eingegeben worden, und 98 Prozent aller Verschreibungen erfolgen auf elektronischem Wege. Die Versicherungsträger haben keinen Zugang zu den Gesundheitsdaten, obwohl sie das mehrfach beantragt haben. Ein Zeitstrahl zeigt die Entwicklung des digitalen Gesundheitssystems auf:

Abbildung 14: Entwicklung des estnischen Gesundheitssystems, eigene Darstellung basierend auf Enterprise Estonia 2020[199]

Eine Übersichtskarte der Bertelsmann Stiftung veranschaulicht, wie das vernetzte estnische Gesundheitssystem funktioniert. Neben der Infrastruktur geht es vor allem um die konkreten Anwendungen:

Enablers: Strategien, Standards, Institutionen

Rechtlicher Rahmen			Institutionelle Verankerung	
Datenschutz-regulationen	Technische Datensicherheit	Technische Standards	Nationale Digital-Health-Behörde	Finanzielle Ausstattung und Anreize
Rechtssicherheit	Medizinische Terminologierichtlinien	Semantische Standards	Durchsetzung von Standards	Stakeholder-Engagement

Digital-Health-Infrastruktur

National eindeutige Patienten-Kennnummer	National eindeutige Zugriffsregelung	Versorger- und Dienstleistungsregister	Technische Dateninfrastruktur	Automatisches Auslesen von Patientendaten

Digital-Health-Anwendungen

Elektronische Patientenakte		Gesundheitsdienste		Gesundheitsinformationen	Gesundheitsversorgung
Impfungen	Medikationsliste	E-Rezept	Video-konsultationen	Persönliches Patientenportal	Gesundheitssystem-Monitoring via ePA
Laborwerte	Zugriffskontrolle durch Patienten	Terminbuchungen		Gesundheits-informationsportal	Versorgungs-forschung
Patienten-kurzakte	Strukturierte und codierte Inhalte	Telehealth			

■ verfügbar (zwei Drittel der Fragen positiv beantwortet)

Abbildung 15: Übersichtskarte Digital Health in Estland (Bertelsmann Stiftung 2018[200])

Das System der elektronischen Patientenakten (ePA) ist Bestandteil der umfassend angelegten elektronischen staatlichen Verwaltung unter dem Schlagwort E-Estonia. Jede Bürgerin bzw. jeder Bürger verfügt über einen elektronischen Personalausweis, mit dem der Zugang zu allen öffentlichen Diensten geregelt wird. Die Smart-ID-Authentifizierungssoftware nutzt eine Zwei-Faktoren-Authentifizierung, wobei der Patient sowohl über eine PIN als auch über das mobile Endgerät Zugriff erhalten kann. Das Gesundheitspersonal wird über den Arbeitgeber authentifiziert und identifiziert; einen eigenen Heilberufsausweis benötigt dieses nicht, um etwa Patientendaten aus einer elektronischen Patientenakte abzurufen.[201] 100 Prozent aller Ärzte, Fachärzte und -ärztinnen, Krankenhäuser und Apotheken sind an das Gesundheitsinformationsaustauschnetzwerk Environment and Health Information System (ENHIS) angeschlossen; über 75 Prozent rufen Daten ab oder tauschen sie aktiv untereinander aus und bieten telemedizinische Dienste an.[202]

Die Schlüssel der E-Gesundheit sind:
- Daten beim Patienten,
- Zugang mit klaren Regeln,
- verschiedene Regeln für Doktoren und Patienten,
- Transparenz,
- Sanktionsmöglichkeiten bei Missbrauch.

E-Health und digitale Gesundheitsdienste unterstützen eine auf den Menschen ausgerichtete Gesundheitsversorgung und tragen dazu bei, die Kontinuität der Versorgung, die Aktualität des Dienstes und die Zufriedenheit der Patienten und Patientinnen zu fördern. Das digitale Gesundheitsinformationssystem enthält Gesundheitsdaten, die ihm von Krankenhäusern, Hausärzten und anderen Gesundheitsdienstleistern übermittelt werden. Das System sammelt Gesundheitsinformationen über jede Person, und jeder oder jede kann die eigenen Gesundheitsdaten auf dem Patientenportal www.digilugu.ee einsehen.

Über das Patientenportal ist für den Nutzer bzw. die Nutzerin Folgendes möglich:[203]
- Log-in eigenständig (ID-Card, mobile ID),
- Einsicht von persönlichen Daten und Hinzufügen der Kontaktdaten naher Verwandter,
- Inaugenscheinnahme von medizinischen Daten von Gesundheitsversorgern,
- Übersicht der E-Verschreibungen,
- Hinterlassen von Absichtserklärungen (etwa Organspende),
- Zugang zu den Daten der Gesundheitsversicherung,
- Verbergen von sensiblen Daten vor Medizinern,
- Ausfüllen einer Gesundheitserklärung vor einem Termin,
- Sicht auf das Log, wer sich Zugang zu den Daten verschaffte.

Die messbaren Ziele der in der E-Health-Strategie geplanten Aktivitäten sind die Verringerung der Morbidität, die effizientere Nutzung der Zeit durch Angehörige der Gesundheitsberufe sowie vermeidbare und sich wiederholende Krankenhausbehandlungen. Eine der wichtigsten Richtungen im Bereich der estnischen elektronischen Gesundheitsdienste ist die persönliche Medizin.

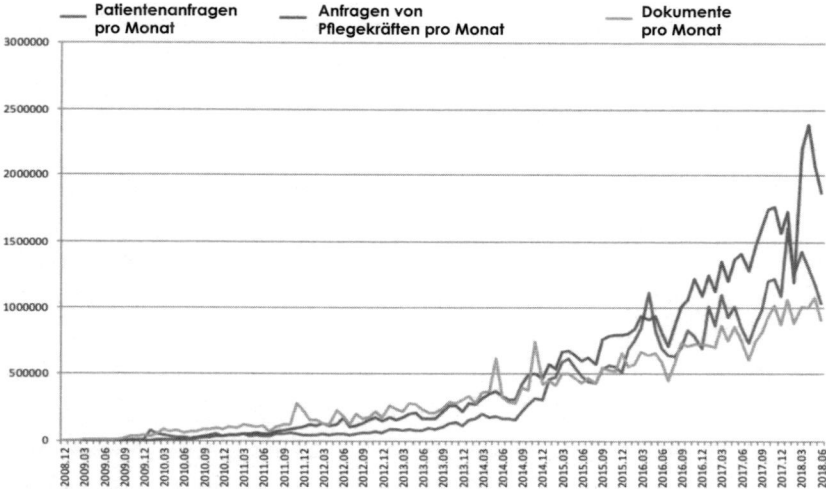

Abbildung 16: Nutzerverhalten des digitalen Gesundheitssystems pro Monat (Estland), Artur Novek 2019[204]

Zu den Erfolgsmodellen von E-Health in Estland gehört neben der ePA seit 2010 das E-Rezept, das nicht nur (Wiederholungs-)Verordnungen mit wenigen Klicks ermöglicht und Ärztinnen und Ärzten die jeweils preisgünstigste Verordnungsalternative aufzeigt. Vom Jahr 2016 an weist das System von Ärzten und Ärztinnen sowie Apothekern und Apothekerinnen außerdem auf mögliche Wechselwirkungen hin. Pro Monat gibt es seitdem im Schnitt 2.200 Warnhinweise.

· 99 Prozent der Medikamente in Estland werden elektronisch verschrieben:

– Medizinerin oder Mediziner verschreibt Medikament an den Patienten,

- Patientin oder Patient übergibt den Personalausweis in beliebiger Apotheke und kann das Medikament abholen,
- Datenübernahme aus dem E-Gesundheitsportal,
- Automatische Berechnung von Ausnahmen, sozialen Unterstützungen,
- Einsichtnahme online, inklusive historische Ansicht.

Die E-Ambulanz hat sich bewährt: Elektronisch vernetzt unterwegs sind seit 2015 auch die mehr als 100 Rettungswagen, die landesweit im Einsatz sind. An Bord jedes Rettungsfahrzeugs befindet sich ein Tablet, mit dessen Hilfe Notärzte und Notärztinnen sowie Sanitäter und Sanitäterinnen auf die ePA des Patienten zugreifen und das aufnehmende Krankenhaus vorab auf Komplikationen – etwa eine Bluter-Erkrankung – hinweisen können.

Möglich sind in „E-Health-Estonia" zudem seit mehreren Jahren elektronische Konsultationen zwischen Haus- und Fachärzten, wobei die ausschließlich an Krankenhäusern tätigen Fachärzte innerhalb von wenigen Tagen die Anfrage eines niedergelassenen Allgemeinarztes beantworten sollen. Zugriff auf die ePA haben die Patienten und Patientinnen selbst sowie alle Ärztinnen und Ärzte, Krankenschwestern, Pfleger und weitere Gesundheitsprofis, die an der Behandlung beteiligt sind. Patienten können einzelne Abschnitte der Akte sperren lassen, was bei psychischen Erkrankungen durchaus vorkommt, und sie können sich dem ePA-System auch vollständig entziehen. Davon haben jedoch nur wenige Hundert Versicherte Gebrauch gemacht. Für die Leistungserbringer hingegen ist das Nutzen der E-Akte ebenso verpflichtend wie die elektronische Abrechnung.

5.2 COVID-19 IM ESTNISCHEN GESUNDHEITSSYSTEM

Die Möglichkeit, Sprechstunden online abzuhalten, wurde und wird gerade zu Zeiten der Covid-19-Pandemie genutzt. Terminbuchungen erfolgen ebenso auf digitalem Weg. Die Weltgesundheitsorganisation

(WHO) und Estland haben eine Zusammenarbeit bei der Entwicklung eines digital erweiterten Internationalen Impfausweises vereinbart, einer „smarten gelben Karte", die die Effektivität der COVAX-Initiative erhöhen soll, die zur Beschleunigung der Entwicklung und zur Gewährleistung eines chancengleichen Zugangs zu Impfungen gegen Covid-19 ins Leben gerufen wurde.[205] Ende April 2021 waren die ersten Ergebnisse sichtbar.

In Estland wurde der Pandemienotstand am 12. März 2020 ausgerufen. Bis zum 16. März wurde das E-Health-Patientenportal des Landes um die automatische Funktion für Krankenstandsbriefe erweitert. Diese Funktion wurde von TEHIK, dem Zentrum für Gesundheits- und Sozialinformationssysteme, in Zusammenarbeit mit Heisi, einem Softwareunternehmen, ins Leben gerufen und ermöglicht es Patientinnen und Patienten, vorübergehend selbst einen Krankenstand zu melden. Dieses Schreiben wird an den Arbeitgeber des Patienten sowie an seine Hausärztin oder seinen Hausarzt weitergeleitet und binnen einer Woche bearbeitet. Dies entlastet nicht nur die Beschäftigten im Gesundheitswesen, sondern hält auch Menschen, die sich möglicherweise mit dem Corona-Virus infiziert haben, zu Hause und außerhalb des Büros.

Viveo Health ist ein Telemedizin-Start-up mit Sitz in Tallinn. Seine App ermöglicht es Patienten, sich schnell mit Angehörigen der Gesundheitsberufe in Verbindung zu setzen, um per Videoanruf eine Diagnose, eine Überweisung zu einer Spezialistin oder einem Spezialisten oder ein elektronisches Rezept zu erhalten. Nach Covid-19 hat Viveo Health zwei Millionen Euro für die Finanzierung einer E-Health-Plattform aufgebracht. Die Modernisierung der medizinischen Hilfe über eine digitale Diagnose trägt dazu bei, sozial distanzierte Praktiken sicherzustellen, Menschen aus dem Wartezimmer fernzuhalten und zu verhindern, dass kranke Menschen sich selbst gefährden. Freilich ist (auch) das estnische System nicht frei von Pannen. Als im Mai 2021 die Impfpriorisierung aufgehoben wurde, sollten sich die Menschen auf dem zentralen Portal registrieren. Das Portal hat aber nur Kapazitäten für bis 5.000 gleichzeitige Besuche und war nach der Freischaltung schnell überlastet. Bis zu 60.000 Menschen mussten warten. Schnell setzte öffentliche Kritik ein.[206] Daran sieht man, dass auch nach der Digitalisierung das Gesundheitssystem schnell in die Kritik gerät.

5.3 WENIGER ANFÄLLIGKEIT IN KRISEN- UND PANDEMIEZEITEN

Die vorgestellten Lösungen sind ausgewählte Beispiele dessen, was die estnische digitale Gesellschaft in nur wenigen Monaten entwickelt hat. Sie zeigen, wie technologische Innovation in Krisenzeiten unser größter Verbündeter sein kann. Als besonders beeindruckendes Beispiel lässt sich die schnelle Implementierung der Krankmeldung ohne Arztbesuch innerhalb weniger Tage anführen. Dieses Beispiel aus der Alltagspraxis ist ein Beleg dafür, welche Vorteile eine digitalisierte Verwaltung haben kann, sobald einmal die notwendigen Grundlagen geschaffen wurden. Neue Funktionen können dann schnell entwickelt und implementiert werden. Die Resilienz der Gesellschaft erhöht sich in der Folge enorm. Resilienz meint dabei die Fähigkeit, Umbrüche in schwierigen Situationen zu meistern. Das galt insbesondere während der Covid-19-Pandemie. Der estnische E-Staat konnte voll funktionieren, wie etwa Priit Alamäe, der Gründer und CEO des größten estnischen Anbieters für E-Lösungen Nortal, herausstellt. Nortal kümmert sich seit der Gründung im Jahr 2000 im globalen Kontext um die digitale Transformation und übernahm im September 2020 ein großes deutsches Unternehmen. Im Interview mit dem Autor spricht Alamäe davon, dass Deutschland sich das Leben im Grunde selbst schwermache. Der Drang nach Perfektionismus berge die Gefahr des Scheiterns, da die Planung dann schnell wieder überholt sei. Die Entwicklungen würden zu rasant voranschreiten. Wer ein Haus baue und die Gewähr haben will, dass niemals ein Feuer entstehen kann, brauche weit mehr als einen Feuerlöscher. Lässt sich dennoch ein Brand hundertprozentig ausschließen? Gefahrenquellen lauern schließlich überall, unbeaufsichtigt brennende Kerzen oder ein Kurzschluss im Toaster. Und werden nicht unnötig Ressourcen verschwendet? Gerade der menschliche Faktor spiele eine entscheidende Rolle.[207]

Deutschland muss nachziehen: Dabei wird aber von deutschen Verwaltungsexperten im 2020 erschienenen Handbuch „Digitalisierung in Staat und Verwaltung" konstatiert, dass Deutschland „bei der Digitalisierung des Gesundheitssektors weit hinter vergleichbar entwickelten Sozialstaaten zurück(liegt)".[208] Dieser Eindruck scheint sich nun einmal mehr bestätigt zu haben. Besonders bedenklich ist, dass die unbefriedigenden Ergebnisse im Bereich E-Gesundheit trotz teils enormer Investitionssummen zustande kommen. Digitalisierung als Placebo? Die Einführung der elektronischen Gesundheitskarte ist hierfür ein besonders drastisches Beispiel. Laut Bund der Steuerzahler hat diese bis Ende 2017 insgesamt rund 2,2 Milliarden Euro gekostet.[209] Der Bundesrechnungshof stellt hierzu in einem Prüfbericht zur Einführung der Gesundheitskarte von 2019 fest: „Die elektronische Gesundheitskarte hat bislang keinen konkreten Mehrwert für Leistungserbringer und Versicherte, da Online-Anwendungen noch nicht etabliert sind."[210]

Weiter heißt es, allein die Kosten der für die Einführung der elektronischen Gesundheitskarte gegründeten Gesellschaft für Telematikanwendungen der Gesundheitskarte mbH (gematik) beliefen sich bis 2017 auf 606 Millionen Euro.[211] Die Plastikkarte blieb rudimentär in ihren Anwendungen, nichts weiter als ein Versicherungsnachweis mit Foto, auf dem Adresse, Anschrift und Versicherungsnummer des Patienten gespeichert sind. Der Anspruch war ein anderer, aus heutiger Sicht gar ein illusionärer: Im Herbst 2004 hatte die damals rot-grüne Bundesregierung noch versprochen, dass die elektronische Gesundheitskarte binnen zwei Jahren zahlreiche neue Möglichkeiten für den Austausch medizinischer Daten schaffe.[212]

Auch oder besonders an diesem Beispiel lassen sich die bereits beschriebenen Grundprobleme bei der Digitalisierung des öffentlichen Sektors in Deutschland beobachten. Während in Estland über die eID und das Bürgerkonto auf alle E-Gesundheitsdienstleistungen zugegriffen werden kann, wurde in Deutschland auch hier auf eine Insellösung gesetzt. Dass diese nach über 15 Jahren Entwicklung nicht funktioniert, ist angesichts der hohen Kosten natürlich besonders bedenklich. Aber der Kern des Problems ist der jahrzehntelange Versuch, die digitale Transformation des öffentlichen Sektors ohne tragfähige Grundlagen zu stemmen.

Im Öffentlichen Gesundheitsdienst (ÖGD) hat die Covid-19-Pandemie die strukturellen Defizite Deutschlands deutlich offenbart.[213] Die Probleme mit mangelnden Datenschnittstellen und der daraus resultierende Einsatz von Faxgeräten kommen noch hinzu.

Vielleicht führen einzelne Projekte zu einer Veränderung. Zu nennen ist hier etwas das Modell der „Stiftung Deutsche Schlaganfall-Hilfe". Jährlich erleiden in Deutschland knapp 270.000 Menschen einen Schlaganfall, oft abrupt. Die starke Fragmentierung unseres Gesundheitssystems stellt speziell für die Schlaganfallversorgung eine erhebliche Herausforderung dar. Ziel ist hier, diese durch eine sektorenübergreifende Versorgung aufzubrechen. „Schlaganfalllotsen" begleiten als „Fallmanager" die Patienten ein Jahr. Sie kommen aus einem Gesundheitsberuf, etwa Pflege oder Therapie, und absolvieren eine Zusatzqualifikation in „Case Management". Mit Hilfe einer Lotsen-App werden die Daten der Betroffenen erfasst und unter Wahrung des Datenschutzes verschlüsselt verarbeitet. Ziel ist, auf diese Weise Kosten für das Gesundheitssystem zu reduzieren.[214] An diesem Beispiel sieht man, dass die Datenvernetzung gerade bei besonderen, durchaus nicht seltenen Pflegefällen großen Nutzen stiften kann.

6

DIGITALSTRATEGIEN ALS NEUES „1984"?

6.1 LEHREN AUS DER PANDEMIE:
TREND ZUM ÜBERWACHUNGSSTAAT

Anscheinend sinkt das Vertrauen in die politischen Institutionen von Jahrzehnt zu Jahrzehnt – in den USA wie in Europa. Das zeigen die Langzeitdaten der World Values Surveys deutlich. Das Leben in einer Demokratie wird offenbar als selbstverständlich wahrgenommen, da das Vermächtnis zweier Weltkriege verblasst.[215] Ernsthaft wird jenseits von tagespolitischen Aufgeregtheiten sogar diskutiert, ob das Zeitalter der liberalen Demokratien am Ende angelangt ist. Immerhin befänden sie sich in einer Midlife-Crisis, wirkten „erschöpft und schwerfällig", erkennt der Cambridge-Professor David Runciman in einem brillanten Buch mit dem Titel „So endet die Demokratie".[216] Die Frage nach etwaigen Strukturschwächen der liberalen Demokratie greift um sich.

Autoritäre Muster sind en vogue, selbst in Europa, wie die Beispiele Polen und Ungarn zeigen. Der ungarische Premierminister Viktor Orbán, einst ein Liberaler und später enger Vertrauter des langjährigen deutschen Bundeskanzlers Helmut Kohl, kündigte schon 2014 an, einen „illiberalen Staat" errichten zu wollen. Die Finanzkrise von 2008/2009 stünde für ein Scheitern des Liberalismus, gar des liberalen Verfassungsstaates. Sie mache ein Lossagen von Westeuropa notwendig: „Ein Wettlauf um die Organisationsform der Gemeinschaft, des Staates geht vor sich, wer am besten fähig ist, eine Nation, eine Gemeinschaft international wettbewerbsfähig zu machen. Das ist die Erklärung dafür, meine Damen und Herren, dass das ‚Schlagerthema' im heutigen Denken das Verstehen derjenigen Systeme ist, die nicht westlich, nicht liberal, und keine liberalen Demokratien, vielleicht nicht einmal Demokratien sind, und trotzdem Nationen erfolgreich machen. Die ‚Stars' der internationalen Analysen sind heute Singapur, China, Indien, Russland, die Türkei. (...) Die liberale Demokratie war unfähig, (...) mit ihrer Arbeit der Nation zu dienen. (...) In diesem Sinne ist also der neue Staat, den wir in Ungarn bauen, kein liberaler Staat, sondern ein illiberaler Staat."[217] Mittlerweile ist Orbáns Fidesz-Partei nach langen Dissonanzen nicht mehr Teil der Europäischen

Volkspartei (EVP). Die Mitte-Rechts-Kraft ist der größte Verbund in der EU. Offenbar werden die Auffassungen als nicht mehr kompatibel empfunden. Staaten, auch in Europa, finden offenbar autoritäre Muster reizvoll, auch eine enge Bande von Ungarn mit einem Investor aus China, der etwa in Budapest eine eigene Universität, eine Zweigstelle, quasi einen Satellitencampus der Shanghaier Zentrale der Fudan-Universität errichtet. Die Errichtung eines Campus kostet mehr, als das Land jährlich für höhere Bildung ausgibt, und mehr als doppelt so viel wie das Budget für die Universitäten des Landes.[218] Im Juni 2021 regten sich dagegen in der Hauptstadt Budapest Proteste.

Bedingt die rasant fortschreitende Digitalisierung, dass die Aushöhlung des Rechtsstaats, ganz konkret mittels der Idee des Überwachungsstaates, immer populärer wird? Diesen sehen manche heute schon erfüllt: durch Videokameras in U-Bahnen, in der Bank, durch TV-Shows wie „Big Brother" und nun im Zuge der Covid-19-Pandemie. Intensive Diskussionen um die Enthüllungen des Whistleblowers Edward Snowden schüren die Sorgen um den Schutz der Privatsphäre. Dabei werden nicht nur die Kompetenzen US-amerikanischer Geheimdienste hinterfragt. Auch in europäischen Ländern herrscht Ungewissheit über Regulierung und Ausmaß der nationalen Telekommunikationsüberwachung. Im Juli 2021 etwa wurde breit diskutiert, dass Staaten die von einer israelischen Firma entwickelten Software missbrauchen. Ursprünglich dazu gedacht, um die Smartphones Krimineller und von Terroristen auszuspähen, wurde sie weltweit als „Waffe" gegen Menschenrechtler und Oppositionelle missbraucht. Mit dem Trojaner „Pegasus" können nicht nur Telefonate, E-Mails und SMS, sondern auch verschlüsselte Chats überwacht werden.[219]

Der globale Überwachungsskandal hat das Vertrauen in die digitale Kommunikation zwischen Bürger, Unternehmen und staatlichen Institutionen schon vor der Pandemie beschädigt. Die Corona-Pandemie beschleunigt die digitale Massenüberwachung rasant. In vielen Ländern kontrollieren Apps Bewegungen und Kontakte großer Teile der Bevölkerung. Manche Regierungen missbrauchen die Daten, um kritische Stimmen zu unterdrücken. Die angesehene Nichtregierungsorganisation (NGO) Freedom House, die jährlich die Entwicklung von Demokratien und Diktaturen genau unter die Lupe nimmt, sieht bereits eine globale Ausbreitung digitaler Repression.[220] Über den Globus hinweg, notierte die Kolumnistin Robin Wright im „New Yorker" nach einem Jahr Pandemie, erstarke eine neue „Corona-Kultur, die mit öffentlicher Angst hantiert und Einschränkungen im alltäglichen Leben vornimmt".[221]

Erobern asiatische Modelle den europäischen Markt, gerade in den „alten Demokratien", die in der Digitalisierung des Staats weit hinterherhinken und, auf dem bequemen Sofa des Wohlfahrtsstaats und der alten Industrien sitzend, den Anschluss verpasst haben? In Staaten wie China oder Südkorea wurde 2020 die Standortüberwachung des Smartphones kombiniert mit einem Netz an Überwachungskameras, die mit Gesichtserkennungstechnologie ausgestattet sind. Nutzerinnen und Nutzer werden auf Schritt und Tritt überwacht – mit dem Ziel, Kontakte mit Infizierten nachzuweisen. George Orwells „1984" ist damit aktueller denn je, da Bewegungsabläufe kontrolliert werden können. In Tunesien etwa überwachten mobile Roboter die Ausgangssperre. Die Covid-19-Pandemie hat nicht nur die Grundlagen des sozialen Miteinanders völlig auf den Kopf gestellt, sondern ist zu einem globalen (Überwachungs-)Wettbewerb der Nationalstaaten und Systeme geworden.

Jeden Tag sind während der Pandemie monopolhaft Meldungen erschienen, welches Land wie viele Infektionen, Todesfälle und auch Genesungen verzeichnet. Der bulgarische Intellektuelle Ivan Krastev klagte zu Beginn der Pandemie mit bitterem Ton an: „In der EU lag die öffentliche Gesundheitsvorsorge immer in der ,Kompetenz' der Nationalregierungen. Als jeden Tag Tausende Italiener und Spanier starben, hatte Brüssel dazu wenig zu sagen. Die Europäische Union hat sich als strukturell ungeeignet erwiesen, die sich anbahnende Katastrophe zu lindern, als irrelevanter Akteur gerade in dem Moment, als die Menschen Schutz suchten. (...) Als die Menschen sich nur noch um die Frage kümmerten, warum sich in manchen europäischen Ländern weniger Menschen anstecken oder weniger starben als in anderen, verschwand dahinter die Idee eines gemeinsamen Europas. Niemand machte sich die Mühe, die Toten oder Infizierten des gesamten Kontinents zu zählen. Keine Regierung rief nach einer europäischen Gesundheitsstrategie oder nach der Europäisierung coronabezogener persönlicher Daten."[222] Dieser Standortnationalismus wirkt sich auch auf die Bemühungen aus, Europa stärker zu einen. Wie soll es gelingen, eine digitale, datensouveräne Europäische Union (EU) zu schaffen, wenn nationale Egoismen dominieren?

Generell: Wie werden sich Politik und Gesellschaft durch die Pandemie verändern? Gibt es einen intellektuellen Impfstoff? Der Mensch ist ein soziales Wesen, wodurch Ausgrenzung – gleich ob andere den Betreffenden freiwillig meiden oder aus Angst, sonst selbst ausgegrenzt zu werden – eine äußerst empfindliche Strafe ist. Staaten setzen Überwachungstechnologien ein, mit denen sie zuvor potenzielle Terroristen verfolgt hatten, um die Ausbreitung des Virus zu verfolgen. Ahn Cheol-soo, früherer Präsidentschaftskandidat Südkoreas, erkannte früh, bereits im März 2020, die Dimension eines „politischen" Virus, der einen darwinistischen Test mit sich bringt, welche Systeme und Gesellschaften am besten damit zurechtkommen.[223]

Sind dabei die Demokratien den autokratischen Systemen und Diktaturen unterlegen – und mehr noch, gibt es auch innerhalb der liberal-demokratischen Staaten große Unterschiede, was die Aushebelung der Grundrechte anbetrifft? Ist Europa auf dem absteigenden Ast? Immerhin besteht innerhalb von führenden EU-Thinktanks die Befürchtung des folgenden Szenarios: Die USA stellen die Software bereit, China sorgt für die Hardware, und Europa wird im Versuch einer Umarmungsstrategie lediglich die Daten liefern.[224] Hat das Orbánsche Modell der illiberalen Demokratie Zukunft? Sind die Rufe nach dem

Erhalt von bürgerlichen Freiheiten zu Kassandrarufen geworden, also Warnungen, die ungehört blieben? Die Bilanz ist ernüchternd. Schließlich gibt es kein demokratisches Land auf der Welt, in dem alleine Tracing-Apps zu spürbar positiven Effekten im Kampf gegen Corona geführt haben. Die Überwachungsmethoden im offiziell demokratischen Südkorea hingegen stehen nicht im Einklang mit unserer Rechtsordnung und unseren demokratischen Prinzipen. Behörden können die Bewegungsdaten bestätigter Fälle zur Einsicht für die Bevölkerung veröffentlichen. Diese Daten beinhalten penibel genaue Routen, die Wahl des Verkehrsmittels, Zeitpunkte und Orte eines Aufenthaltes sowie Begegnungen mit anderen Personen. Der Vorteil liegt auf der Hand: Die Daten ermöglichen ein vollständiges Kontakt-Tracing innerhalb weniger Minuten statt mehrerer Tage, wie es bei manueller Nachverfolgung der Fall wäre. Bewegungsabläufe werden gewissermaßen rekonstruiert, und Personen, die mit Infizierten in Kontakt waren, ausgeforscht und informiert. Das ist durch die Auswertung von Überwachungskameramaterial und Kreditkarteninformationen möglich. Über diesen Weg werden auch Personen, die sich in unmittelbarer Nähe eines bestätigten Krankheitsfalles aufhielten, informiert. Selbst der unbeabsichtigte Kontakt mit Betroffenen hat somit weitreichende Folgen für die Einzelnen. Leichtfertig veröffentlichte Details aus dem Privatleben von möglicherweise mit dem Corona-Virus Infizierten führten zu Online-Hetzjagden, Verschwörungstheorien und Erpressungsversuchen.

Historisch ist das nicht neu. In seinem 1975 erschienenen Buch „Überwachen und Strafen" diskutierte der französische Philosoph Michel Foucault die Entwicklung der Strafsysteme. Anhand der mittelalterlichen Pest schildert er die Maßnahmen einer Disziplinargesellschaft, also Maßnahmen, die unternommen wurden, um die Folgen der Seuche einzudämmen. Stadtbezirke wurden abgeschottet. Offizielle Wächter, die sogenannten Syndici, schlossen die Bewohner in ihren Häusern ein. Sie dokumentierten Namen, Geschlecht und Alter aller

Einwohner in der Stadt. Apotheken, Ärzte und Beichtväter durften nur auf Geheiß der oberen Stellen aktiv werden.[225] Wie strukturell wird die Kontrolle also in der Post-Covid-Ära bleiben? Wie werden Menschen behandelt werden, die sich partout nicht impfen lassen?

6.2 CHINA: DIGITALER ÜBERWACHUNGSSTAAT ALS KERN- UND WACHSTUMSZIEL

China, mit mehr als 1,4 Milliarden Menschen das einwohnerreichste und vielleicht bald wirtschaftsmächtigste Land der Welt, rückte wegen des von Wuhan ausgebreiteten Virus einmal mehr in den Fokus. Das chinesische Regime unterdrückte die Nachrichten über den Krankheitsausbruch und machte einen Arzt, der als einer der Ersten auf die Gefahren des neuartigen Corona-Virus hinwies, mundtot. Wissenschaftlern wurde ein Maulkorb verpasst, Statistiken wurden gefälscht.[226] Die Geheimhaltungstaktiken ließen Experten von einem „Tschernobyl des 21. Jahrhunderts"[227] sprechen. Das Sowjetreich scheiterte wenige Jahre nach dem Reaktorunglück auch am wirtschaftlichen Kollaps im Zuge der kommunistischen Planwirtschaft. Chinas Aufstieg hingegen scheint unaufhaltsam. Das Beispiel „China" zeigt offenbar, dass sich kommunistische Ideologie mit Turbokapitalismus verbinden lässt. Die Kommunistische Partei Chinas (KPC) verfolgt eine ehrgeizige Digitalisierungsstrategie, die auch die Suche nach neuen Wachstumstreibern, die Regulierung des Cyberraums und die Ausweitung ihres globalen Macht- und Einflussbereichs umfasst. Führende chinesische Unternehmen der Informations- und Kommunikationsbranche (IKT) gestalten die Digitalisierung auf globaler Ebene mit. Schon 2007 fragte das Magazin „Der Spiegel": „Funktioniert der Kommunismus doch?" und titelte „Die Rotchina AG".[228]

China baut seit ein paar Jahren konsequent und unnachgiebig ein System auf, um das Verhalten seiner Bewohner in sämtlichen Lebensbereichen besser überwachen zu können und eine zeitgemäße Form von Propaganda zu entwickeln. Ziel ist es, die öffentliche Meinung zu kontrollieren.[229] Alles passiert dabei unter dem Deckmantel und unter Protektion der Kommunistischen Partei. „Big Data offenbart einem die Zukunft", verkündete Ende 2015 Wang Yongqing, der damals Generalsekretär des mächtigen Parteienkomitees für Politik und Recht war, im Blatt „Wahrheitssuche" der Parteihochschule. Die Partei müsse „eine vollständige Sammlung von grundlegenden Informationen über alle Orte, alle Sachen, alle Angelegenheiten und alle Menschen anlegen: von den Trends und Informationen darüber, was sie essen, wie sie wohnen, wohin sie reisen und was sie konsumieren." Und Wangs damaliger Vorgesetzter, das Politbüromitglied Meng Jianzhu, verlangte im Herbst 2017 von den Sicherheitsbehörden, sämtliche Barrieren einzureißen, die einem breiten Datenaustausch im Wege stehen. So müssten möglichst bald die Bilder sämtlicher Überwachungskameras im ganzen Land in einer Datenbank zusammenfließen."[230] Wie schnell sich die Zeiten ändern: Als der damalige US-Präsident Bill Clinton im März 2000 vor Studierenden der John-Hopkins-Universität einen Vortrag zur Chinapolitik hielt, war der Ton ganz anders, noch äußerst optimistisch. Vom Boom der New Economy getragen, vermittelte Clinton den Glauben an den unaufhaltsamen Vormarsch der liberalen Demokratie. Clinton sprach davon, wie das Internet China verändern werde. „Im neuen Jahrhundert werde sich die Freiheit per Handy und Modem verbreiten", sagte er.[231]

Es kam anders, gänzlich anders. China will um jeden Preis und auf Kosten etwaiger privater Freiheiten Spitzenmacht im Bereich der disruptiven Technologien sein. Aus „Made in China"-Plagiaten sollen nun technologische Unikate werden. Der Weg der Seidenstraße ist auch technologisch beschritten und weit fortgeschritten. Das Ziel, bei 5-G, Künstlicher Intelligenz (KI), Quantenforschung und anderen digitalen Technologien weltweit führend zu sein, scheint in Reichweite. Damit bestimmt, ja diktiert China längst die Rahmenbedingungen internationaler Unternehmen. Es geht aber um weit mehr als um Expansionsziele nach kapitalistischer Logik, sondern um Geopolitik, wie das Projekt der neuen Seidenstraße[232]

zeigt, der Bau eines riesigen Infrastrukturnetzwerkes. Zugänge in Grie-
chenland und Serbien hat sich China bereits gesichert. Die Bemühungen
werden flankiert vom Ausbau des Mobilfunks, gerade über Huawei. Serbien gilt für China als Wachstumsmarkt.

Die Vereinten Nationen (UN) geben seit 2001 regelmäßig einen Vergleich
heraus, wie die Staaten im E-Government stehen. Der letzte Report
ist von Liu Zhenmin unterschrieben, der ein Vorwort verfasste. Darin
schreibt er: „Die Roadmaps digitaler Regierungen sollten unterstützt
werden durch eine langfristige Vision, nationale Leadership und erforderliche Kapazitäten. Sie sollten in der Lage sein, Krisen zu überstehen,
wie wir sie nun während der Covid-19-Pandemie erleben. (...) Das Jahr
2020 war signifikant für das globale Benchmarking von E-Government
(...). Digitale Transformation ist nun ein kritischer Teil der nationalen Nach-
haltigkeitsziele in vielen Ländern."[233] Zhenmin agiert in der Position als
Untergeneralsekretär der Vereinten Nationen. Zuvor war er 30 Jahre im
Außenministerium der Volksrepublik China tätig, zuletzt als Vizeminister.

In der Pandemiebewältigung werden die autoritären Strukturen des
Staats einmal mehr deutlich. Das Land wurde schnell dem Algorithmus
unterworfen.[234] Wer in China in den Park gehen möchte, in Geschäfte,
Restaurants oder ins Krankenhaus, muss eine Gesundheits-App installiert
und aktiviert haben. Dasselbe gilt für den öffentlichen Nahverkehr. Vor
allem China nutzt die Überwachung durch Gesundheits-Apps, um kritische Menschen weiter einzuschüchtern. Außerdem weitet das Regime
andere repressive Maßnahmen aus wie die Videoüberwachung mit
Gesichtserkennung, Verhaftungen und staatliche Zensur beim Thema
Covid-19. Diese Zensur findet nicht nur in den Staatsmedien statt, sie
trifft auch Veröffentlichungen in allen anderen Kanälen, ob Facebook,
Twitter oder YouTube.[235]

Auch unter europäischen Jugendlichen hat die chinesische App Tik-
Tok einen Durchbruch erzielt. Teenager können dort kurze Videos dre-

hen. Sie können Filmszenen nachstellen und singen. Indien sperrte die App, die dort 120 Millionen Nutzer hatte, da systematisch Nutzerdaten missbraucht werden würden.[236] TikTok hat in den USA seine Datenschutzerklärung um einen kritischen Punkt erweitert: So räumt sich das Unternehmen darin nun das Recht ein, automatisch auch biometrische Daten seiner Nutzer zu sammeln. Dabei gehe es vor allem um Gesichts- und Stimmprofile.[237] Die Expansionsstrategie setzt sich fort: Bei der UEFA-Fußball-Europameisterschaft vom Sommer 2021 taucht TikTok als offizieller Sponsor auf und war im Stadion bereits bei der Eröffnung präsent.[238]

Zur beliebtesten Smartphone-App in China hat sich ein Programm namens Xue Xi Qiang Guo (学习强国) standardmäßig etabliert. Die App war zeitweise das in China am häufigsten heruntergeladene Element aus dem App-Store, und sie übertrifft die unter den jüngeren Chinesen begehrten Social-Media-Anwendungen WeChat oder TikTok. Für viele Staatsbedienstete ist sie allerdings auch einfach ein verordnetes Pflichtprogramm – eine Methode, sie auf die neu definierten Ziele des Sozialismus einzuschwören. „Xue Xi Qiang Guo" (auch: Xuexi Qiangguo, englisch „study powerful country") heißt übersetzt so viel wie „Mächtiges Land studieren" oder: „Lerne über das starke Land". Mit dem eingängigen Slogan soll zweifellos das Image von Xi Jinping aufgewertet werden. Xue Xi Qiang Guo wurde im Januar 2019 von der Werbeabteilung der Partei veröffentlicht. Es verlangt, dass sich die Benutzer mit ihren Handynummern und Klarnamen anmelden. Den Nutzerinnen und Nutzern dient es sodann als Plattform für Nachrichten, Artikel, Videoclips und für nicht enden wollende Dokumentationen über die politische Philosophie von Staats- und Parteipräsident Xi Jinping. „The voice of the party can reach all kinds of user terminals directly", gab er als leuchtende Parole aus.[239]

Die Umsetzung erfolgt bereits, etwa in Shenzhen, das auch als Chinas Silicon Valley bezeichnet wird. In der Nachbarstadt von Hongkong, wo

20 Millionen Menschen leben, entsteht Innovation. Die Stadt hat nach Shanghai und Peking die drittgrößte Wirtschaftskraft des Riesenreichs. Tencent, der Social-Media-Spezialist, hat dort seinen Sitz. Huawei sitzt ebenfalls in der Boomtown. E-Mobilität und Vernetzung sind in neue Dimensionen vorgestoßen. Die Zukunft der globalen Drohnenindustrie, aber auch der Sprach- und Gesichtserkennung ist Shenzhen. Wer aber seine Wohnung verlässt, ist nicht mehr unbeobachtet. Big Brother lauert an jeder Straßenecke. Damit kann man auch unerwünschte Minderheiten wie die Uiguren verfolgen und politisch Andersdenkende.[240]

Chinas digitaler Nationalismus arbeitet an Strategien, in der virtuellen Welt einen führenden Platz einzunehmen.[241] Dafür sorgen staatlich unterstützte Unternehmen wie Huawei, Alibaba oder Tencent, die in ganz Europa am Geschäft von Telekommunikationsnetzwerken, Rechenzentren und Online-Bezahlsystemen beteiligt sind. Der Einfluss steigt noch mit der Einführung des neuen Telekommunikationsstandards 5G.[242] Das zeigt sich auch daran, welche Rolle Huawei bei dem Thema „Digitalisierung an Schulen" spielt. Huawei beteiligt sich an aktuellen Ausschreibungen zum Ausbau von WLAN-Hotspots in deutschen Schulen. Als eine der ersten Kommunen hat sich der niedersächsische Landkreis Diepholz über die Datenschutzsorgen von Eltern hinweggesetzt und bei der Ausschreibung für „WLAN-Komponenten in Schulen" (Auftragsvolumen: 1,3 Millionen Euro) den Auftrag an Huawei vergeben. Offizielle Begründung: Huawei sei der „wirtschaftlichste Bieter". Auch Kommunen in anderen Bundesländern vertrauen neue WLAN-Hotspots zunehmend Huawei an.[243] In der CDU gab es massive Debatten, als bekannt wurde, dass Huawei einer der Sponsoren des Landesparteitages in Baden-Württemberg im Januar 2021 war, der digital stattfinden musste. Das Logo des Technikkonzerns prangte auf der Danksagung für die Sponsoren des Parteitags, und zwar links oben – an der optisch prominentesten Stelle. Das sorgte durchaus für Kritik, zumal die Rolle des Konzerns an der Beteiligung des deutschen 5-G-Netzes nebulös bleibt.[244] Estland beispielsweise verbot Huawei. Die chinesische Seite versucht aber, durch Lobbyismus, etwa mit dem früheren Umweltminister Estlands Marko Pomerants, diese Entscheidung aufzuheben.[245] Besonders Litauen warnt aus Gründen der Sicherheit und Zensur vor chinesischen Smartphones.

Ein Ausschluss von Huawei widerspricht den Interessen der deutschen Wirtschaft und Industrie. Volkswagen, Siemens und BASF etwa haben in China riesige Märkte erschlossen. Telefónica in Deutschland und Vodafone haben bestätigt, dass Huawei eine wichtige Hilfestellung beim Ausbau des 5-G-Netzes leisten könnte. Die deutsche Bundesregierung versuchte, die Brisanz aus dem Thema zu nehmen und die Huawei-Frage lediglich auf dem „technokratischen Level" zu belassen und nicht zu einer Frage der nationalen Sicherheit zu machen.[246] Dabei gab es in der Vergangenheit immer wieder den Vorwurf der Industriespionage – mit beträchtlichen Auswirkungen auf die Cybersecurity.[247] Die wohlwollende deutsche Sicht verwundert, werden mittlerweile doch deutsche Stiftungen und Nichtregierungsorganisation an der kurzen Leine gehalten bzw. schlichtweg reglementiert. Deutsche Stiftungen in China sollen künftig nur noch von chinesischen Staatsbürgern geleitet werden, einschließlich der CDU-nahen Konrad-Adenauer-Stiftung.[248] Das hebelt das Prinzip der Stiftungen aus, wonach immer deutsche Staatsbürger die Leitungsfunktion in den jeweiligen Ländern übernehmen.

6.3 TOTALITÄRE ERFASSUNG DES EINZELNEN DURCH DAS SOZIAL-KREDIT-SYSTEM

Ziel der Kommunistischen Partei ist es, jegliches Verhalten seiner Bürger zu erfassen, zu bewerten, zu belohnen oder zu sanktionieren, um die Ordnung des Marktes und die Ordnung in der Gesellschaft im Sinne des Leitbildes von Chinas Staatspräsident Xi Jinping, der „harmonischen Gesellschaft", sicherzustellen.[249] Im China von heute sind mehr als 200 Millionen Kameras im Einsatz, ebenso gibt es eine nicht näher bestimmbare Zahl an „Sicherheitsrobotern", die auf öffentlichen und privaten

Plätzen eingesetzt werden. Diese „Telescreens" sind mit Künstlicher Intelligenz ausgestattet. Das schließt die Möglichkeiten ein, Gesichter zu identifizieren und sie mit der massiven Anzahl von persönlichen Daten zu korrelieren, die der Staat bereits gesammelt hat.[250]

„George Orwells Alptraum von 1984"[251] geht aber weiter: Bereits im Jahr 2014 veröffentlichte die Regierung der Volksrepublik China den „Plan zur Einführung eines Gesellschaftlichen Bonitätssystems". Schon im Jahr 2002 fand die Idee eine erste Erwähnung auf einem Kongress der Kommunistischen Partei.[252] Der Staat wird damit zum monopolistischen Hüter von Moral und Anstand – wohl auch, um wachsende gesellschaftliche Unruhen im Keim zu ersticken. Das sogenannte Sozial-Kredit-System soll das Verhalten im Alltag erfassen. Online-Käufe, Postings in den sozialen Medien und die Wahl des Freundeskreises sind ausdrücklich eingeschlossen.[253] Das meint konkret, wie der Wissenschaftliche Dienst des Deutschen Bundestags ausführt, dass in der chinesischen Küstenstadt Rongcheng zahlreiche Stellen der öffentlichen Verwaltung und andere in das System eingebundene Institutionen damit begonnen haben, Daten zu sammeln, etwa zum Familienstand, zum Strafregister, zu Verkehrsdelikten oder zur Kredithistorie. Informationen der Finanzbehörden und Sozialkassen oder auch Informationen aus Mobilfunkverträgen bei den staatlichen Telekommunikationsunternehmen werden ebenfalls eingeholt. Die kommunistische Ideologie bleibt nicht außen vor. Wer sich in Rongcheng regelmäßig die Website der parteinahen Volkszeitung anschaue, bekommt Bonuspunkte.[254] Rongcheng war der erste Testballon für über 40 Verwaltungsbezirke und soll flächendeckend zur Regel werden, obwohl auch Zweifel über die Umsetzbarkeit kursieren. Schließlich werden immer wieder Pannen gemeldet.[255]

Die Absichten sind klar: Kontrolliert wird das soziale Verhalten. Das System umfasst aber auch die Zahlungsmoral, Einkaufsgewohnheiten oder die Treue zur Kommunistischen Partei. Konkret erhält jeder Bewohner ein digitales Punktekonto, auf dem zu Beginn eine bestimmte Anzahl ar

Punkten hinterlegt wird. Für „gutes Verhalten" gibt es Bonuspunkte, für „schlechtes Verhalten", etwa das Überqueren der Straße bei einer roten Ampel, werden Punkte abgezogen. Was „gut" und „schlecht" ist, legt die Regierung fest.[256] Das perfide System der Belohnung und Bestrafung ist genau ausbuchstabiert. Wer zur Blutspende geht, bekommt Pluspunkte. Abzüge gibt es, wenn Hundekot nicht beseitigt oder Streit mit den Nachbarn angezettelt wird. Negative Punkte gibt es auch bei Verkehrsdelikten. Überwacht werden die Menschen von Kameras; die automatische Identifikation funktioniert über eine Gesichtserkennung. Das ganze System ist nicht frei von sozialistischen Maximen. Wer alleine in einer großen Wohnung lebt, bekommt Punkteabzug. Gemeinsam mit vielen Bewohnern in einer kleinen Wohnung zu leben wird hingegen besser bewertet. Der Bürger wird anhand von fünf Dimensionen eingestuft: Gesetzestreue, moralisches Wohlverhalten, soziales Engagement, Aktivitäten im öffentlichen Interesse und im Interesse des Umweltschutzes. Letzterer Aspekt hat wohl die Ursache darin, dass immer wieder die hohe Luftverschmutzung, gerade in den Metropolen, angeprangert wird.

Punktgewinne (in Beispielen)	Punktverluste (in Beispielen)
Wohltätige Arbeit leisten	Bei Rot die Straße überqueren oder betrunken Auto fahren
Ältere Familienmitglieder pflegen	„Illegal" gegen die Behörden protestieren
Positiv auf die Nachbarschaft einwirken	Seine Eltern nicht regelmäßig besuchen
Blut spenden	Sich regierungskritisch in den sozialen Medien äußern
Die Regierung in sozialen Medien loben	Gerüchte im Internet verbreiten
Den Armen helfen	Sich für Taten unaufrichtig entschuldigen
Keine Schulden haben oder sie fristgerecht zurückzahlen	Teilnahme an der Regierung nicht genehmen religiösen Gruppen
Eine heldenhafte Tat begehen	In Online-Spielen betrügen

Tabelle 4: Punktgewinne und -verluste zur Kontrolle des sozialen Verhaltens (Quelle: basierend auf Frankfurter Allgemeine Zeitung, FAZ.net vom 30. November 2018)

Als erstaunlich kann gelten, dass der digitale Big Brother eine Zustimmung in der Gesellschaft findet. Endlich werden die „Unehrlichen" an den Pranger gestellt, lautet der Tenor. Mit völlig intransparenten Methoden wird eine Punktzahl errechnet. Die Berichterstattung ist positiv, was aufgrund der staatlichen Kontrolle der Medien kaum überraschen dürfte. Chinesische Medien leisten hier ganze Arbeit, da „Vertrauensprobleme" geheilt werden sollen.[257] Wunderheilung, Alchemie oder einfach nur Bespitzelung?

Ein hoher Punktestand ermöglicht etwa:
· Vorrang bei der Jobvergabe,
· kürzere Wartezeiten in Krankenhäusern,
· Erleichterungen im täglichen Leben (Fitnessclubs etc.),
· Steuererleichterungen.

Ein niedriger Punktestand führt zu:
· Problemen bei Flugbuchungen,
· Schwierigkeiten bei der Kreditvergabe,
· weniger Sozialleistungen,
· öffentlichem Anprangern.

Über eine Smartphone-App kann sich jeder über den eigenen Punktestand informieren. Zudem sollen aber neben den Behörden Banken und Arbeitgeber, Vermieter, Einkaufsplattformen, Reiseveranstalter und Fluggesellschaften Einsicht in die Bewertung erhalten. Da sich die Gesichtserkennungstechnologie bewährt hat, fließt auch das Verhalten der Bürger im Straßenverkehr, in Bahnhöfen, auf Flughäfen und in Einkaufszentren mit in die Bewertung ein.[258] Ein Sanktionssystem greift um sich, welches unmittelbar die Mobilität berührt und sich durch die in China ausgebrochene Pandemie nochmals schlagartig verschärft hat. Schon im Jahr 2018 durften 17,46 Millionen chinesische Bürger keine Flugtickets mehr kaufen, 5,47 Millionen keine Fahrkarten für Hochgeschwindigkeitszüge. „Anormale", also „nichtvertrauenswürdige" Bürger mit einem niedrigen Punktestand können auch keine Versicherungen bekommen, Wertpapiere oder Immobilien kaufen. Zudem werden Missetäter an den Pranger gestellt, indem Informationen über ihr Fehlverhalten veröffentlicht werden.[259] Im Plan selbst steht das Ziel festgeschrieben, eine neue Aufrichtigkeit in Erziehung und Kultur schaffen zu wollen. Es geht um die Schaffung von Tugenden. Aufrichtigkeit ist heldenhaft, der Verlust an Integrität dagegen eine Schande. Die Kommunistische Partei spricht von der „harmonischen Gesellschaft".[260] Die politische Funktion, einerseits das System zu stabilisieren, andererseits politische Abweichler zu domestizieren, ist offenkundig.

Die Sanktionen richten sich nicht nur gegen die Bürger, sondern auch gegen Firmen, die sich nicht korrekt verhalten. So wurden im letzten Jahr 3,59 Millionen Firmen auf die schwarze Liste gesetzt, die eine Reihe von Geschäftstätigkeiten nicht mehr machen dürfen, beispielsweise Aktien ausgeben, sich für Projekte bewerben oder auf dem Sicherheitsmarkt tätig sein.[261] Die deutsche Bundesregierung gab (gibt) sich hier erstaunlich ahnungslos, wie eine „Kleine Anfrage" von Bündnis 90/Die Grünen deutlich macht. Die Antwort lautet: „Angesichts des frühen Entwicklungsstadiums des Sozial-Kredit-Systems und der undurchsichtigen Prozesse auf chinesischer Seite lassen sich zu vielen Aspekten des geplanten Sozial-Kredit-Systems noch keine belastbaren Aussagen machen."[262] Ahnungslos ist man auch, ob das System den Markt regulieren und auch auf deutsche Unternehmen und ihre Mitarbeiter angewandt werden soll. Immerhin gibt es längst auch Testangebote von privaten Unternehmen, etwa die App Sesame Credit, eine Tochter des chinesischen IT-Giganten Alibaba. Die Nutzer werden mit 350 bis 950 Punkten bewertet. Kriterien sind neben Online-Käufen die pünktliche Bezahlung von Rechnungen und das soziale Netzwerk.

Es handelt sich immerhin um das größte globale Experiment, persönliche Informationen zu zentralisieren und individuelles Verhalten zu steuern. Es lässt sich sogar von einem Pilotprojekt in der Weltgeschichte sprechen.[263] Wird es ein globaler Trend, Gesichtserkennungskameras einzusetzen und Menschen damit zu überwachen? Ist ein staatliches Handeln, das auf dem Sammeln von Daten beruht, auch in funktionierenden Demokratien möglich? Immerhin ermöglichen derartige Technologien neue Geschäftsmodelle – ohne Garantie der ethischen Korrektheit. Der chinesische Weg sollte uns auch zu einer Reflexion über uns selbst veranlassen: Immerhin wissen wir selbst nicht, welche Daten das ungeschützte Surfen im Internet hinterlässt, und welche Rückschlüsse sich ziehen lassen. Verschlüsselungs- und Anonymisierungsdienste können auch hier nur wenig Schutz bieten.[264]

6.4 DIE AUSWIRKUNGEN KÜNSTLICHER INTELLIGENZ

Erstmals geprägt wurde der Begriff vom US-amerikanischen Informatiker John McCarthy auf der Dartmouth Conference im Jahr 1956. Diese Tagung gilt auch als Geburtsstunde des Fachgebiets „Künstliche Intelligenz (KI)." Dieses besteht aus mehreren Themenfeldern, wie zum Beispiel der Mustererkennung und dem maschinellen Lernen, der Robotik oder der Mensch-Maschine-Interaktion. Im engeren Sinne bezieht sich der Begriff Künstliche Intelligenz auf den Versuch, menschenähnliche Entscheidungsstrukturen in einem nichteindeutigen Umfeld nachzubilden. Computer werden so programmiert, dass sie eigenständig Probleme bearbeiten und lösen sowie Entscheidungen fällen können. Algorithmen produzieren dabei Schlussfolgerungen und Ergebnisse, die menschliche Entscheidende als Informationsgrundlage ihrer Entscheidungen nutzen. Es kann aber auch der Fall eintreten, dass die Ausführung von Entscheidungsregeln vollständig an Algorithmen delegiert wird.

Hier gibt es eine Fortentwicklung. Der herkömmliche Algorithmus beruhte auf einer Regelbasierung. Ist eine Bedingung erfüllt, wird die nächste gestellt und geprüft. Die immer leistungsfähigeren Algorithmen, die nun in der Gesichts- und Spracherkennung eingesetzt werden, gehen viel weiter. Sie arbeiten als lernende Datenbasis, wodurch eine Abhängigkeit von denen entsteht, welche diese erstellen. Legt der Faktor „Mensch" die Basis für ein Ungleichgewicht, liegt es nahe, dass der Algorithmus diese Verzerrung übernimmt.

Es gilt dabei die Maßgabe, dass Künstliche Intelligenz auf bestimmte Anwendungsgebiete beschränkt werden soll. Beispiele sind etwa das Erkennen von Gesichtern auf Bildern oder das Übersetzen von Texten. Ziel ist dabei, abstrakte Probleme zu lösen und mit Unsicherheiten und Anwendungsbeispielen umzugehen. Wie weit lässt sich Künstliche Intelligenz aber ausdehnen? Roboter als niedlich piepsende Helfer, aber auch als eiskalte Vernichter der Menschheit – die Filmwelt zeigt bereits abenteuerliche Vorstellungen von Künstlicher Intelligenz. Im wahren Leben begegnet uns die KI eher versteckt. Weltweit beachtet wurde das Potenzial, als 1997 IBMs Schachcomputer Deep Blue spektakulär gegen den damaligen Schachweltmeister Garri Kasparow gewann. Deep Blue konnte als Hochleistungscomputer 200 Millionen Spielsituationen pro Spiel bewerten.[265] Nicht nur beim Schach, sondern auch bei anderen Strategiespielen können Computer gegen Menschen gewinnen.

Auch wenn selbstfahrende Busse und autonomes Fahren eher die Ausnahme denn die Regel sind: Man überträgt der KI mehr und mehr Aufgaben, die zuvor nur Menschen übernommen haben, etwa die Diagnose von Krankheiten oder die Entlarvung eines Steuerbetrugs. Aber was sollen Maschinen wirklich tun dürfen – und was können sie trotz ihrer ständigen Verbesserung nicht, eben weil sie Maschinen sind? Sprachassistentinnen wie Siri, Cortana und Alexa beruhen auf diesem Konzept genauso wie Online-Navigationssysteme, Online-Übersetzer oder Einparkassistenten im Auto. Wir nutzen also schon jetzt KI ganz unbemerkt und ohne größere Diskussion. Ob autonome Fahrzeuge auf den Straßen, kollaborative Roboter in der Produktion oder innovative Diagnostik beim Arztbesuch – wir können mit Fug und Recht davon ausgehen, dass sich diese Entwicklung in Deutschland im Laufe des nächsten Jahrzehnts durchsetzen wird. Potenziale einer neuen Aufbruchsstimmung werden erkannt.[266] Die Folgen der Pandemie werden Künstlicher Intelligenz gerade im Bereich der Medizin zu einer neuen Relevanz verhelfen – trotz gemischter Erfahrung im Umgang mit Infizierten.[267]

Es gibt aber eine Kehrseite der Medaille: Sicherheitslösungen können kaum erstellt werden. Bei KI fällt folgender Kriterienkatalog weg:[268]
- mögliche Liste von Gefährdungen erstellen,
- Verständnis für die IT-Infrastruktur,
- Bewertung von Risiken,
- Vornahme von möglichen Anpassungen,
- etwaige Integration neuer Lösungen.

Wie das Beispiel aus China zeigt, entstehen durch KI ganz neue Gefahren für Menschenrechte.[269] Die warnenden Stimmen kommen von prominenten Persönlichkeiten, etwa vom britischen Physiker Stephen Hawking (1942–2018). Er äußerte 2014, dass die volle Entwicklung der Künstlichen Intelligenz das Ende des menschlichen Wesens bedeuten könne.[270] Vielleicht ist diese Einschätzung übertrieben. Den Weg zum Überwachungsstaat könnte KI dennoch beflügeln. Hier gibt es Beispiele aus den USA. Das sogenannte COMPAS-System, das ein fester Bestandteil in zahlreichen US-Bundesstaaten ist, bewertet Gefängnisinsassen mit über 100 Variablen, ob die Person mit einem *low, moderate* oder *high risk* rückfällig werden wird. Diese Ergebnisse dienen Richtern maßgeblich als Grundlage in ihrer Entscheidung. Obwohl das System den Faktor der ethnischen Herkunft ausklammert, hat eine Studie ergeben, dass Menschen mit schwarzer Hautfarbe doppelt so häufig irrtümlich als *high risk* eingestuft wurden wie Menschen mit weißer Hautfarbe. Ebenso wurde die Rückfallwahrscheinlichkeit von Menschen mit weißer Hautfarbe disproportional unterschätzt.[271]

Das hat seinen Grund: Die Algorithmen ermitteln anhand verschiedener Daten einen Wert, der Richtern eine Einschätzung darüber geben soll, mit welcher Wahrscheinlichkeit die Angeklagten erneut eine Straftat begehen. Der Algorithmus wird allerdings vor allem mit historischen Daten, etwa aus Kriminalitätsstatistiken, trainiert, die nicht auf kausalen Zusammenhängen, sondern auf statistischen Korrelationen beruhen. Im Ergebnis erhalten Menschen aus Bevölkerungsgruppen, die in der Vergangenheit häufiger ins Visier der Strafverfolgungsbehörden gerieten (beispielsweise ethnische Minderheiten oder sozial Benachteiligte), schlechtere Prognosen. Da sich das Urteil der Richterinnen und Richter unter anderem darauf stützt, werden Menschen allein aufgrund ihrer Zugehörigkeit zu den aufgeführten Gruppen benachteiligt. So verstärkt die Anwendung der Algorithmen bereits vorherrschende Verzerrungen.[272] Häufig simuliert der Gebrauch von mathematischen Modellen eine Illusion der Seriosität und der Objektivität, weswegen sich Opfer schwertun, gegen diese Algorithmen anzukämpfen. Hinzu kommt, dass die genaue Wirkungsweise und exakte Berechnungen in einer so genannten Black Box stattfinden. Das heißt, dass Außenstehende nicht erkennen können, warum die KI zu welchen Ergebnissen gekommen ist. Ohne dieses Wissen lässt sich so ein System jedoch nur schwer anzweifeln.[273]

Die Debatte um Künstliche Intelligenz wird weiter Fahrt aufnehmen. Wellen der Aufmerksamkeit und Hypes sind dabei ausdrücklich eingeschlossen. Eines steht fest: Ohne klare ethische Standards könnte auch der chinesische Weg eingeschlagen werden. Der Trend zu autoritären Mustern würde weiter zunehmen. Inwieweit dürfen Maschinen wichtige Entscheidungen treffen, die unser Leben beeinflussen, wenn sie möglicherweise von Menschen fehlerhaft programmiert sind? Verliert der Mensch eines Tages (teilweise) die Kontrolle über die Maschinen? Wer dient in der Zukunft wem? Wie gehen wir mit KI richtig um? Staaten wie Deutschland stehen vor der Herausforderung, im Bereich der KI ethische Fragen nicht nur zu stellen, sondern auch zu beantworten.

7

FAZIT:
HANDLUNGSPLAN
FÜR DEUTSCHLAND

Die alte Monopoly-Regel aus dem bekannten Gesellschaftsspiel sollte nicht (mehr) gelten: Kein Zurück auf Los. Der estnische Weg ist weder die Schlossallee noch die Parkstraße, dennoch ist er es wert, ihn zu beschreiten, nicht nur bei Würfelglück und der Möglichkeit, einen Hotelkomplex zu vermieten. Wir brauchen den digitalen Staat, um unsere Abhängigkeit von amerikanischen und chinesischen Firmen zu verringern. Der Status quo der Verwaltungsdigitalisierung in Deutschland ist höchst unbefriedigend, was sich drastisch während der Pandemie insbesondere im Bildungs- und Gesundheitssektor gezeigt hat. Mit einer flächendeckend funktionierenden digitalen Infrastruktur für öffentliche Dienstleistungen wäre Deutschland weitaus besser durch die Corona-Krise gekommen. Wir diskutieren einmal mehr, was schon 1994 festgestellt wurde. Die prominenten Verwaltungswissenschaftler Thomas Ellwein und Joachim Jens Hesse sahen einen „überforderten Staat", der etwa mit dem „Verlust des Handwerklichen", „Führungsschwäche der Politik", „Selbstzufriedenheit" und „Inkompetenz" zu kämpfen hat.[274]

Mit funktionierenden digitalen öffentlichen Dienstleistungen ließen sich die Kosten der Bürokratiebewältigung für Bürger und Bürgerinnen sowie Unternehmen deutlich senken, ebenso Abläufe vereinfachen. Wer in einer digitalen Gesellschaft lebt, denkt in digitalen Geschäftsmodellen. Ein digitaler Staat wird nicht nur durch niedrige Bürokratiekosten zum Standortvorteil. Die Defizite der Verwaltungsdigitalisierung müssen deshalb schnellstmöglich behoben werden, da analoge Verfahren in einer Welt, die online alle Abläufe ermöglicht, zum Anachronismus werden. Der Bund hat mangels Ergebnissen mittlerweile auch bei den Kommunen immenses Vertrauen verspielt. Die Prinzipien des Föderalismus und der kommunalen Selbstverwaltung gilt es im virtuellen Zeitalter neu, das heißt flexibler zu denken. Eine im Juni 2021 veröffentlichte Bitkom-Studie verdeutlicht, dass die Zeit drängt. Die Digitalisierung von Städten und Gemeinden könnte sich in den kommenden Jahren zu einem wichtigen Standortfaktor entwickeln – und analoge Orte vor ernsthafte Probleme stellen. So gibt ein Viertel (26 Prozent) der 16- bis 29-Jährigen an, dass eine zu langsame Digitalisierung am Heimatort ein möglicher Umzugsgrund ist. Unter den 30- bis 64-Jährigen beträgt der Anteil 22 Prozent. Nur für die Älteren ab 65 Jahren spielt die Digitalisierung bei der Wohnortentscheidung praktisch keine Rolle (4 Prozent). Zugleich sagt eine deutliche Mehrheit (58 Prozent), die eigene Stadt oder Gemeinde habe bislang die Digitalisierung verschlafen. Nur rund ein Drittel (36 Prozent) gibt an, im Alltag bereits von der Digitalisierung der eigenen Stadt oder Gemeinde zu profitieren.[275]

Es besteht weiterhin ein Grundproblem: Im ländlichen Raum fehlen immer noch stabile Netze, um überhaupt moderne und umfangreiche digitale Angebote machen zu können. Dabei wäre hier der Bedarf am größten, was durch den Fokus auf Smart-City-Ansätze vernachlässigt wurde. Dabei klappte die (kommunale) Vernetzung schon bei der Gesundheitskarte. Während 2011 alles scheiterte – elektronisches Rezept und Patientenakte, – wurden in der Stadt Bottrop schnell mehr als 80 Ärzte untereinander, mit Apotheken und dem Knappschaftskrankenhaus (mit zehn Fachkliniken) vernetzt.[276] Bewegungssensoren, Touch-Control- und Kamerasysteme helfen Pflegediensten und Angehörigen, auch bei größeren Distanzen im ländlichen Raum zuverlässiger zu reagieren und im Notfall schnell Hilfe zu mobilisieren.

Schaut man verschiedene IT-Großprojekte des Bundes an, so findet man eine Menge, die gescheitert sind oder sich in deutlichem Verzug befinden, und das jeweils verbunden mit erheblichen Kosten. Als Beispiele seien hier nur der elektronische Entgeltnachweis ELENA, die bundeseinheitliche Finanzamtssoftware Fiscus, der Vertrauensdienst DE-Mail oder eben die elektronische Gesundheitskarte genannt. Diese Fälle zeigen, dass gesetzlich festgelegte Aufgaben und Einführungstermine kein erfolgreiches E-Government herbeiführen können.[277] Die Verwaltungsdigitalisierung in Deutschland krankt an einem strukturellen Problem: Ohne die notwendigen Bedingungen wie elektronische Identität, Bürgerkonto und Dateninfrastruktur zu schaffen, wurde versucht, einzelne Bereiche des öffentlichen Sektors zu digitalisieren. Auch wenn die

Bemühungen in manchen Bereichen wie der Finanzverwaltung durchaus erfolgreich waren, so hat dieser Ansatz in der Summe zu zahlreichen Insellösungen und Parallelentwicklungen geführt. Dies hat hohe Kosten verursacht. Vor allem fehlt es an einer alles entscheidenden digitalen Infrastruktur. Sie ist so wichtig wie Strom oder Wasser geworden, als Daseinsvorsorge und öffentliches Kollektivgut.[278] 2015 hieß es in einer Anzeige der Bundesregierung „Schnelles Internet für alle. Überall. Bis 2018 soll in ganz Deutschland schnelles Internet verfügbar sein. Mit einer Geschwindigkeit von mindestens 50 Megabit pro Sekunde."[279] Das Ziel wurde nicht erreicht, wie alle anderen Zusagen im Kontext der digitalen Infrastruktur auch. Im von 2018 bis 2021 laufenden Koalitionsvertrag zwischen Union und SPD hieß es: „Mit dem hier dargestellten Maßnahmenpaket werden wir das Ziel eines flächendeckenden Zugangs zum schnellen Internet aller BürgerInnen erreichen. Dazu werden wir einen rechtlich abgesicherten Anspruch zum 1. Januar 2025 schaffen (...)".[280] Auch dieses Ziel wird verfehlt werden, wenn sich die Breitbandpolitik des Bundes nicht radikal verändert.

Nach wie vor gilt: Die digitale Infrastruktur wirkt löchrig wie ein Schweizer Käse. So kommt ein Gutachten des Niedersächsischen Landesrechnungshofs vom Januar 2021 zum Ergebnis, dass der Erfolg der Verwaltungsdigitalisierung im Flächenstaat stark gefährdet sei. Es drohe „ohne eine zeitnahe Gesamtsteuerung ein unwirtschaftlicher und nicht zu beherrschender digitaler Flickenteppich".[281] Im Vorwort des Gutachtens steht unmissverständlich: „Trotz Milliardeninvestitionen des Bundes und einem Finanzvolumen in Höhe von mehreren hundert Millionen Euro in Niedersachsen bleibt die Digitalisierung der Verwaltung hinter ihren Möglichkeiten zurück, obwohl die Umsetzung die Effizienz der Aufgabenwahrnehmung erheblich steigern würde. Nicht zuletzt die Covid-19-Pandemie zeigt, dass durch die Digitalisierung neue Formen der Zusammenarbeit und Aufgabenerledigung in der öffentlichen Verwaltung notwendig sind. Zugleich zeigen die Einschränkungen der Pandemie auf, dass elektronische Zugangskanäle zur öffentlichen Verwaltung für Bürgerinnen und Bürger sowie Unternehmen weitestgehend fehlen. (...) Das Land Niedersachsen muss dringend handeln. Ein Abwarten ist keine Option."[282]

Lassen sich mit dem Digitalisierungsthema Wahlen gewinnen und Wähler sensibilisieren und mobilisieren? Schließlich überbieten sich mittlerweile gerade die Regierungsparteien mit einem bunten Strauß an Versprechungen, die Digitalisierung von Wirtschaft und Gesellschaft betreffend. Die Forderungen lassen sich schnell einordnen. Es geht um Industrie, Breitbandausbau – und vor allem mehr Tempo. Das Augenmerk sollte aber auf einem Bereich liegen: dem öffentlichen Sektor. Der Marketingaspekt sollte auch hier nicht unterschätzt werden, wie das Beispiel aus Estland zeigt. Schließlich hat jedes Bundesland ambitionierte Ziele, wie sich an den Zielvereinbarungen, Koalitionsvereinbarungen und Absichtserklärungen ablesen lässt. Die Bürgerinnen und Bürger wünschen sich, dass sie nicht ständig die gleichen Formulare ausfüllen müssen. So gaben in einer Befragung des Bitkom vier von fünf Bundesbürgerinnen und -bürgern (82 Prozent) an, online zum Amt gehen zu wollen. Neun von zehn (91 Prozent) finden, dass die Beantragung, Verlängerung und Zusendung von Dokumenten wie Reisepass und Personalausweis ganz einfach automatisch ablaufen sollten. Auch für ein einheitliches Bürgerkonto, über das man sich identifizieren und authentifizieren kann und Zugang zu allen digitalen Verwaltungsleistungen hat, sprechen sich 82 Prozent aus. Vier von zehn Bürgerinnen und Bürgern (44 Prozent) würden die eigenen Stammdaten einmalig bei einer Behörde hinterlegen und erlauben, dass diese zwischen Behörden ausgetauscht und wiederverwendet werden dürfen.[283] Die praktisch implementierte Verwaltungsdigitalisierung würde damit den Wünschen der Menschen entsprechen, Unternehmen das Leben einfacher machen und enormes Einsparpotenzial mit sich bringen. Hier sei auf die bereits 2015 veröffentlichte Berechnung des Normenkontrollrates verwiesen, mit einer konsequenten Digitalisierung der Verwaltungsprozesse ließen sich „34 Prozent der derzeitigen Aufwände von Nutzern und Verwaltung einsparen".[284]

Eine Übertragung der estnischen Erfahrung, dass sich mit einem digitalen Staat dauerhaft zwei Prozent des BIPs einsparen ließen, ist nicht einfach möglich. Aber sie zeigt doch über die Berechnung des Normenkontrollrates das gesamtwirtschaftliche Potenzial auf. Bezogen auf 2020 wäre dies in Deutschland immerhin ein Betrag von fast 70 Milliarden Euro gewesen.[285] Gerade Bürgerinnen und Bürger würden darüber hinaus auch viel Zeit einsparen, die sie in einem digitalen Staat nicht für Behördengänge aufbringen müssen. Doch wollen die Verwaltungen das? Immerhin gibt es Beharrungstendenzen. Als ich im Freistaat Bayern 2017 in einer Auftragsstudie in Bayerns Behörden telefonisch danach fragte, ob sie einen Sinn darin sehen, Bürgerinnen und Bürger stärker in die Gestaltung digitaler Verwaltungsleistungen einzubeziehen, antworteten lediglich 58 Prozent mit Ja. Von 36,2 Prozent kam ein Nein, 5,8 Prozent waren unentschlossen. Es zeigte sich auch, dass oftmals noch die Zuständigkeit für die Digitalisierung in den IT-Abteilungen vermutet und dies nicht als Querschnittsaufgabe angesehen wurde.[286]

Die Problemlösungskompetenz des Staates würde sich durch eine konsequente Verwaltungsdigitalisierung erhöhen. Dies ist in Zeiten der Corona-Pandemie besonders deutlich, würde aber auch in Zeiten ohne Kontaktbeschränkungen hilfreich sein. Schließlich scheint ein Grund für die Hinwendung zu populistischen und auch zu radikalen Parteien eine Unzufriedenheit mit der Qualität staatlicher Leistungen zu sein. Deshalb muss die deutsche Verwaltung im digitalen Zeitalter neue Pflöcke einschlagen. Das ist aufgrund des Sicherheitsgefühls und der Beharrungstendenzen schwierig. Wer will sich schon den Ast absägen, auf dem er sitzt? In deutschen Behörden arbeiten größtenteils Juristinnen und Juristen. Alleine mit Menschen aus einem Fachbereich ist man den heutigen Anforderungen kaum gewachsen. Mehr Interdisziplinarität ist notwendiger denn je, zumal an den Stellschrauben „Prozessmanagement, Datenflut und Kommunikation mit den Bürgern" gedreht werden muss.[287] Für den Behördenmitarbeiter ist es zunächst einmal einfacher, mehrfach Informationen anzufordern, als selber in Datenbanken danach zu suchen.

Ihn muss aber ganz wesentlich der Veränderungsprozess ansprechen. Eine staatliche „Kaderschmiede" für digitale Verwaltung müsste Aus- und Weiterbildungsmöglichkeiten für die Beamten der Zukunft bündeln.

Schließlich ist der Handlungsbedarf im Bereich Verwaltungsdigitalisierung angekommen, obwohl immer wieder der Verweis kommt, der Wohlstand erfordere keinen dringenden Handlungsbedarf. So laufen mehr oder weniger zäh Projekte um das Problem der Dateninfrastruktur (Registermodernisierung), des Bürgerkontos (Verwaltungskonto Bund) sowie der elektronischen Identität (Ökosystem eID). Allerdings ist die Erfahrung mit den bisher gestarteten großen Digitalisierungsprojekten im öffentlichen Sektor sehr schlecht, wie beispielhaft die Nutzungszahlen des elektronischen Personalausweises oder die hohen Kosten der elektronischen Gesundheitskarte zeigen. Das Kernproblem lautet, wie der wissenschaftliche Beirat des Bundesministeriums für Wirtschaft und Umwelt in einem Gutachten vom März 2021 feststellt: „Vor allem mangelt es auch an Nutzerorientierung: Viele Digitalisierungsansätze, etwa im Fall des digitalen Personalausweises, sind daran gescheitert, dass dem realen Nutzerverhalten keine ausreichende Beachtung geschenkt wurde."[288] Dabei gibt es den elektronischen Personalausweis seit November 2010.

Es sind deshalb zumindest Zweifel angebracht, ob die beschriebenen Projekte wirklich zum Erfolg führen werden. Ohne eine Schließung der Lücken in den Grundvoraussetzungen für digitale Interaktionen zwischen Staat sowie den Bürgerinnen und Bürgern wird es jedoch auch in Zukunft nicht gelingen, die Verwaltung in Deutschland zu digitalisieren. Vor allem sind die Möglichkeiten kaum bekannt. Im Freistaat Bayern verweist man immer wieder auf die neuen Potenziale durch das BayernPortal, der angeblich „kürzeste Weg zur Behörde". Allerdings muss man hier wieder fragen, wer es nutzt. Als ich im Mai 2021 meine 24 Studierenden an der Katholischen Universität Eichstätt in einem Seminar zum Thema „Digitalisierung und Soziale Arbeit" fragte, wer das Portal schon einmal verwendet hat, kam in einer spontanen Online-Abstimmung 24-mal die Antwort „Nein".

Eine wichtige Funktion müsste dem Personalausweis zukommen. Er muss zu einem Identifizierungs- und Authentifizierungsinstrument werden. Die Erfahrungen zeigen: Digitale Verwaltung findet nur Rückhalt, wenn der Zugang einfach ist, beispielsweise über das Smartphone, das ohnehin im Leben vieler Menschen eine zentrale Rolle spielt. Offenbar gibt es keine andere Wahl: Deutschland sollte über den neuen Personalausweis die kostenlose Signaturlösung einführen. Erst dann würden die Verwaltungsleistungen von Bund, Ländern und Kommunen neben privatwirtschaftlichen Angeboten genutzt, anerkannt und wertgeschätzt werden. An einer Zusammenarbeit zwischen öffentlichen und privaten Anbietern führt kein Weg vorbei, um die notwendige Durchschlagskraft zu erzielen.[289] Damit wäre dies nicht nur aus den beschriebenen Gründen – Kosteneinsparung, Handlungsfähigkeit der öffentlichen Hand, Krisenresilienz – nötig. Auch der auf europäischer Ebene beschlossene Single Digital Gateway verpflichtet Deutschland, bis Ende 2023 eine ganze Reihe von Verwaltungsdienstleistungen vollumfänglich digital anzubieten.[290] Wenn nicht, drohen Strafgelder – und neue Debatten über die deutsche Rückständigkeit.

Gelingt der Sprung? Skeptisch stimmt etwa die Beantragung des Behindertenausweises im Freistaat Bayern. „Bayern hat als eines der ersten Bundesländer einen Online-Antrag für behinderte Menschen eingeführt", heißt es stolz. Die Wirklichkeit sieht anders aus: Am Ende muss der letzte Schritt doch wieder analog, also in Papierform, ausgefüllt werden.[291] Das Onlinezugangsgesetz fordert in seiner aktuellen Form ausschließlich Online-Formulare zur Erfüllung des Gesetzes. Nachhaltige Digitalisierung würde allerdings bedeuten, dass nicht nur ein Formular zur Verfügung steht, sondern auch offen zugängliche Programmierschnittstellen für alle Verwaltungsleistungen angeboten werden. Deshalb sollte eine Erweiterung des Gesetzes beschlossen werden, das Programmierschnittstellen verpflichtend vorsieht und es von einem „Online-Formular-Gesetz" zu einem „Digitale-Verwaltungsinfrastruktur-Gesetz" macht. Der Verwaltungsprozess selbst, also Möglichkeiten, ihn mit digitalen Mitteln eventuell viel einfacher und zielführender umzusetzen, wird zu keinem Zeitpunkt evaluiert.[292]

Eine möglicherweise zielführende Alternative zu den aktuellen Bemühungen wäre eine Überprüfung, ob bereits bestehende Lösungen, die in Estland seit Jahren zum Einsatz kommen und sich in der Praxis bewährt haben, in Deutschland übernommen werden können. Nachholbedarf zeigte sich auch beim Thema Videosprechstunde. Die Technik ist in Ländern wie der Schweiz längst etabliert – in Deutschland war sie bis vor Kurzem die Ausnahme. Nach Angaben der Kassenärztlichen Bundesvereinigung rechneten die über 170.000 Ärzte und Psychotherapeuten in den ersten drei Quartalen des Jahres 2019 insgesamt nur 1.400 Videosprechstunden ab. Von Februar 2020 an installierten dann Tausende Ärzte erstmals ein Videosystem. Sie können per Webcam zwar keinen Rachenabstrich nehmen, aber Patienten beraten. Zugleich senken sie das Risiko, sich selbst anzustecken. Die schnelle Reaktion war auch deshalb möglich, weil Ärztevertreter und Kassen die Regularien für Videosprechstunden gelockert haben. Anders sieht es bei Rezepten aus: Sie müssen in Deutschland in der Regel noch auf Papier ausgestellt werden. Nicht nur Estland, sondern über ein Dutzend EU-Länder haben hingegen längst E-Rezepte eingeführt.[293] In Deutschland wird die Einführung immer wieder vertagt.

Eine Prüfung der möglichen Digitalisierungspfade kann auch parallel zu den bisherigen Ansätzen in einem kleinen Team von Verwaltungsexperten, Juristen und Digitalisierungsexperten erfolgen. Insbesondere die estnische eID-Lösung, das Bürgerkonto und vor allem die X-Road-Dateninfrastruktur (siehe Kapitel 4.2.) bieten sich für eine solche Prüfung an. Wer sich ernsthaft mit dem Modell beschäftigt, sieht, dass es, anders als im chinesischen Fall und in anderen Überwachungsstaatsmodellen, nicht darum geht, dass Bürger zwangsweise in ihrer ganzen Persönlichkeit registriert und katalogisiert werden. Immerhin geht es um nichts weniger, als die Bürgerrechte in virtuellen Zeiten lebensnah zu übersetzen.

Spätestens die Pandemie zeigte auch in Deutschland, dass ohne Smartphone, also ohne digitale Datenerfassung, kaum mehr Alltag möglich ist. So musste man sich im Mai 2021 beim Schnelltest ebenso einloggen als auch beim Besuch eines gerade geöffneten Außenbereichs, in diesem Fall Hannover. Offenbar ist das Smartphone zu einer Prothese geworden, mit der die Hand verwachsen ist. Der reflexhafte, süchtige Blick auf das Smartphone scheint (sub-)kulturelle Züge anzunehmen, selbst im privaten Kreis. Ein Gespräch von Auge zu Auge kann dann in einem gleichzeitigen „Faktencheck" münden. Die Lebensrealität hat sich eben fundamental geändert. Studierende etwa lesen keine Tageszeitung mehr und informieren sich ausschließlich über soziale Medien – das ist zumindest das Ergebnis, wenn der Autor dieses Buchs an deutschen Universitäten, etwa in der Sozialen Arbeit oder Einführungsseminaren, unterrichtet.

Die Möglichkeit, in der Praxis bewährte technische Lösungen aus einem befreundeten EU-Land in Deutschland einzusetzen, sollte jedenfalls nicht von vornherein ausgeschlossen werden. Zwar gilt auch hier, dass eine solche Übernahme vor fünf oder zehn Jahren sicher noch zielführender gewesen wäre. Aber umso wichtiger ist es, die Prüfung, welche Elemente sinnvollerweise übernommen werden können, um vor allem die grundlegende Infrastruktur für eine umfassende Verwaltungsdigitalisierung in Deutschland zu verbessern, jetzt schnellstmöglich umzusetzen. Und mehr noch: Ein Kulturwandel sollte zum kategorischen Imperativ im Sinne von Immanuel Kant werden.

Obwohl Deutschland bei vielen Initiativen auf kommunaler Ebene wie beispielsweise bei Bürgerhaushalten und in Bereichen wie der Finanzverwaltung durchaus frühe Fortschritte bei der Digitalisierung des öffentlichen Sektors gemacht hat, ist der erreichte Status quo sehr unbefriedigend. Dies hat sich in der Coronakrise schonungslos gezeigt: von geschlossenen Bürgerämtern über zusammenbrechende Lernplattformen bis hin zu langsamen analogen Meldeprozessen bei der Datensammlung zum Pandemieverlauf. Im Corona-Jahr 2020 haben sich die bei all diesen Punkten in den letzten beiden Jahrzehnten aufgelaufenen Defizite bei der digitalen Transformation des öffentlichen Sektors gerächt. Dies offenbart sich insbesondere im Vergleich mit Estland, das sich mit Beginn des neuen Jahrtausends aufgemacht hatte, einen digitalen Staat zu verwirklichen. Eine erprobte Dateninfrastruktur, die X-Road, eine etablierte und weit verbreitete digitale Identität sowie seit langem digitalisierte Prozesse bei öffentlichen Dienstleistungen, im Gesundheitswesen und im Bildungssektor haben die estnische Gesellschaft unter den Bedingungen der Kontaktreduktion deutlich krisenfester gemacht.

Selbst prominente Verwaltungswissenschaftler in Deutschland konstatieren, dass eine konsequente Once-only-Strategie die Bürger von Bürokratiekosten entlasten und die Verwaltung in eine benutzerfreundliche digitale Zukunft führen kann. Klar ist aber, dass der Gesetzgeber die in der Bevölkerung verbreitete Sorge vor einer unbegrenzten und unkontrollierbaren staatlichen Datensammlung ernst nehmen muss. Am besten gelingt diese Vertrauensbildung, wenn die eigenen Daten beim Souverän bleiben. Die Bürgerin bzw. der Bürger muss also das Heft des Handelns in der Hand behalten. Dazu gehört auch und vor allem Transparenz der Datenverwendung: Eine (ungefragte) Offenlegung und Protokollierung, welche Behörden welche Daten wann und zu welchem Zweck abgerufen haben bzw. verwenden, stärkt das verfassungsrechtlich umhegte Bedürfnis, selbst über die Verwendung seiner Daten bestimmen zu können.[294] Vielleicht trägt der verantwortungsvolle Umgang zwischen Bürger und Staat auch dazu bei, dass Bürger weniger leichtsinnig ihre Daten an Privatkonzerne weitergeben. Der Staat kann und muss hier besser sein. Dann dürfte es gewährleistet sein, dass der Staat digitale Verwaltungsangebote zur Verfügung stellt.[295]

Der Blick auf E-Estonia zeigt:[296]
1. *Es lohnt sich!*
Der digitale Staat macht das Leben einfacher und die Gesellschaft in Krisen resilienter.

2. Es geht!
Estland beweist das tagtäglich, auch im Hinblick auf Cybersicherheit und Datenschutz.

3. Gesellschaft und Wirtschaft profitieren enorm!
Der Alltag wird durch digitale Dienstleistungen für Bürgerinnen und Bürger an vielen Stellen leichter. Und die Wirtschaft profitiert: von niedrigen Bürokratiekosten und von Menschen, die ganz selbstverständlich digital denken.

Wir haben die Chance, von den estnischen Erfahrungen zu lernen, vor allem mit Blick auf die Grundprinzipien, die zum Erfolg von E-Estonia geführt haben:

a. Nutzerorientierung (Anwenderfreundlichkeit als Entwicklungsleitlinie),
b starke digitale Identität,
c. Zusammenarbeit öffentlicher und privater Sektoren (digitale Identität kann z. B. auch für die Identifikation bei Finanzdienstleistungen genutzt werden),
d. Once-only-Prinzip (Daten werden nur einmal staatlich abgefragt und gespeichert),
e. schnelles Internet (flächendeckend auch im ländlichen Raum),
f. politische Leadership (E-Estonia hatte von Anfang an Priorität und Unterstützung),
g. kein Digitalzwang (alle Verwaltungsdienstleistungen können weiterhin auch analog genutzt werden).

Die nähere Betrachtung von Estland zeigt, dass es sich lohnt, zunächst die grundlegende Infrastruktur für die Verwaltungsdigitalisierung zu schaffen, statt einzelne Dienstleistungen als Insellösungen online zu stellen. So gibt es in Deutschland beispielsweise durchaus große Erfolge im Bereich der Finanzverwaltung – die dort genutzten Zertifikate zur Sicherstellung der Identität sind allerdings nicht universell einsetzbar, sondern eine Insellösung. Neben einem flächendeckenden schnellen Internet (im 21. Jahrhundert eigentlich eine Selbstverständlichkeit, aber in Deutschland immer noch nicht umgesetzt) braucht es vor allem drei Elemente für eine starke Digitalisierung der Verwaltung:

1. Dateninfrastruktur (in Estland die X-Road),
2. digitale Identität,
3. Bürgerkonto (die elektronische Zugriffsmöglichkeit für Bürger auf Verwaltungsleistungen).

In allen drei Bereichen existieren zwar schon Lösungen in Deutschland (E-Personalausweis und Nutzerkonto Bund) bzw. werden gerade entwickelt (Registermodernisierung). Aber sie werden in der Praxis kaum genutzt. Es ist zu hoffen, dass sich die bestehenden Lösungen schnell verbessern und in die breite Nutzung führen lassen. Diesen Ansatz verfolgt die Bundesregierung mit der Initiative zur Verbesserung und Verbreitung der digitalen Identität. Hier sind immerhin auch Akteure aus dem privaten Sektor involviert, was hoffen lässt. Aber der Blick auf die vielen teuren und leider oft erfolglosen Digitalisierungsprojekte im öffentlichen Sektor gebietet trotzdem Skepsis. Deshalb sollte schnell eine mögliche Alternative geprüft werden: die Übernahme von in Estland bereits bewährten Lösungen in Bereichen wie der digitalen Identität, der Dateninfrastruktur zur Vernetzung von Behörden und anderen Akteuren sowie beim Bürgerportal. Anders gesagt: Eine digitale ID könnte den Digitalisierungsprozess enorm beschleunigen. Sie wäre zudem ein starkes Zeichen für die europäische Souveränität und Zusammenarbeit bei der digitalen Transformation. Die Pläne für eine EU-weite App liegen in der Schublade.[297]

Wir dürfen nicht vergessen, dass wir bereits auf die 7. Generation digitaler Services zugehen.[298] Der estnische Digitalisierungsexperte Margus Simson sieht „Zero-Click"-Services bald als die Norm an. Die Automatisierungsprozesse werden durch Big Data, Künstliche Intelligenz und „Autopiloten" flankiert, die Kundenverhalten genau analysieren, etwa durch Algorithmen. Psychologie spielt dabei eine besondere Rolle – gerade auch die Frage, wie Intuitionen zu kalkulieren sind bzw. verzerrt werden können. Dabei geht es um integrative Lösungen. Simson meint, jede Dienstleistung werde digitalisiert, sogar in den „alten Industrien". Jeder E-Service muss in ein größeres Ökosystem eingebettet sein.

7. Generation digitaler Services

1	2	3	4	5	6	7
1996–1999	2000–2003	2004–2007	2008–2011	2012–2016	2017–2020	2021–2025
primäre Produktinformation, erste Funktionalitäten	erste Vereinbarungen, massenhafte Transaktionen, auch durch Produktinformationen	zweiseitige Kommunikation, Verkauf einfacher Produkte, Segmentierung durch einfaches Marketing	durchgängiges Marketing, Kanäle für Verkauf und Transaktionen, personalisierte Marketingansprache, starke Segmentierung	„Out of the box", Kommunikation aktiviert von zwei Seiten, Kanäle für Services, Marketing und Verkäufe, mobil	„Ohne Click", voll automatisiert und personalisierte Services, „Online first", eine einzige Plattform, komplett veränderte Geschäftsmodelle, „sozial"	„Ohne Click", kombiniert mit Künstlicher Intelligenz (KI), datengesteuert, Autopiloten, volles Wissen um Kundenverhalten, Ersetzen von Plattformen durch operative Systeme, eigenes Segment (Segment of One), „digital" als Leitprinzip selbst in den „alten Industrien"

Abbildung 17: Auf dem Weg zur 7. Generation digitaler Services (Abdruck mit Genehmigung von Margus Simson, Übersetzung des Autors)

Priit Alamäe, der Gründer und CEO des größten estnischen Anbieters für E-Lösungen Nortal, sieht diese Entwicklung ähnlich. Nach dem Sammeln von Daten gehe es nun darum, einen konkreten Wert daraus zu generieren, der weit mehr als Künstliche Intelligenz bedeute: Der proaktive Staat, der Prozesse antizipiert, werde das neue Leitmotiv werden.[299] Zu revolutionär? Bei der Bevölkerung würde es schnell

Unterstützung geben, wenn sie die Verwaltung in bestimmten Lebens-situationen wie Heirat oder Geburt eigeninitiativ über Online-Dienst-leistungen informieren würde. In jedem Fall sollten wir in Deutschland nicht weiter die Augen verschließen, sondern die überfällige Moder-nisierung angehen. Auch wenn wir schon viel Zeit verloren haben, ist es trotzdem noch nicht zu spät. Es gibt ebenso andere Länder, die große Fortschritte gemacht haben, aber E-Estonia ist international immer noch eine Ausnahme, von deren Erfahrungen wir zudem lernen sollten. Wir könnten wahrscheinlich in drei bis fünf Jahren aufbauen, wofür Estland 20 Jahre brauchte. Wir müssen nur endlich anfangen, die Grundlagen zu schaffen, und dafür den politischen Stillstand über-winden.

An erster Stelle steht die Bildung: Aufklärung 2.0. Immerhin gibt es nun zumindest und weiterhin Absichtserklärungen, dass Digitalisierung nicht nur großgeschrieben, sondern neu gedacht werden soll. So steht etwa im Koalitionsvertrag der grün-schwarzen Landesregierung in Baden-Württemberg, der im Mai 2021 ambitionierte Ziele formuliert: „Wir wol-len bundesweit Vorreiter einer digital-unterstützten Bildung sein. (...) Die Potenziale des digital-gestützten Lehrens und Lernens werden wir konsequent erschließen. (...) Die Schulnormalität nach Corona wird nicht die gleiche sein wie vor Corona. Wir werden rasch analysieren, welche Konzepte und Instrumente aus der Corona-Zeit sich für das Lernen und Lehren als hilfreich erwiesen haben und auch in den Schulalltag nach Corona implementiert werden können. Dabei haben wir insbesondere digitale Formate und Werkzeuge im Blick."[300] Die Sätze könnte man auch auf (alle) anderen Bundesländer übertragen. Der Wunsch besteht offenbar, um international mithalten zu können. Die Europäische Union zählt die Digitalkompetenz längst zu einer der Schlüsselkompetenzen des lebenslangen Lernens.[301] In Deutschland sind seit einer gefühlten Ewigkeit sämtliche Defizite im Bildungssystem bekannt und benannt. Gleiches gilt für die Erforderlichkeiten im Kontext einer digitalen Schule oder für zeitgemäßes Lernen. Auch hier fehlt es an der notwendigen Radikalität, denn Informatikunterricht in der 10. Klasse für eine Stunde ab dem Schuljahr 2023/2024[302], etwa in Niedersachsen, ist keine Lösung, sondern die Verfestigung des Kompetenzmangels.

Wir brauchen ein Bildungssystem, das die Funktionsweise datengetriebener Anwendungen in allen Altersstufen forciert. Unser Bildungs- und Weiterbildungsangebot muss im Kern digitale Sensibilität und Kompetenz vermitteln. Digitalisierung und Inklusion sind zwei große Herausforderungen, die in den Schulen häufig getrennt voneinander wahrgenommen werden. Im inklusionsorientierten Unterricht spielt die Auswahl geeigneter digitaler Lernmedien eine Schlüsselrolle. Um insbesondere junge Menschen für Technik und Programmieren zu begeistern sowie die Funktionsweise von Rechenmaschinen verstehbar zu machen, muss bereits früh in der Grundschule angesetzt werden.

Die Büchse der Pandora ist längst geöffnet, der Geist der Digitalisierung ist aus der Flasche. Wenn es zu IT-Entwicklungen des Staates kommt, stellen sich Fragen von Organisation, Qualität und Finanzierbarkeit. Offenbar hat die Covid-19-Pandemie das Primat des Politischen wiederhergestellt. Es geht um viel: Standortvorteile, Marketing und ein neues Vertrauensverhältnis zwischen Staat, Bürgerinnen und Bürgern in Zeiten von ökonomischer Disruption. Wer hier auf Fortschritt setzt, kann zukünftig auch Wahlen gewinnen. Immer noch geben sich Politikerinnen und Politiker „trendy", weil sie twittern und soziale Medien bedienen.

Staatliche Digitalisierung funktioniert nur als vorgelebtes Leitbild „von oben", „Top down". Das Projekt der Piratenpartei, das von Schweden nach Deutschland überschwappte und den politischen Prozess durch neue Partizipationsmodelle revolutionieren wollte, ist längst gescheitert. Es geht nun um den digitalen Staat: Die digitale Transformation der öffentlichen Verwaltung verlangt förmlich digitale Kompetenzen.

Experteninterviews zeigen, dass es weniger um IT-Kompetenzen als vielmehr um Bereitschaft und Veränderungswillen geht.[303] Es liegt an uns, für die von uns gewollte Entwicklung die richtigen Weichen zu stellen und entsprechende fundamentale Transformationsprozesse in Politik und Verwaltung zu initiieren. Schließlich bleibt der Staat auch in digitalen Demokratien immer eine „res publica", eine Angelegenheit von uns allen, vorstellbar als Plattform.[304] Der Staat ist schließlich für die Menschen da, wie der Verfassungskonvent zum Grundgesetz auf Herrenchiemsee im 1948 im Entwurf niederschrieb.[305]

Nun ist es an der Zeit, diesen Grundsatz im digitalen Zeitalter umzusetzen. „Made in Germany" sollte im neuen digitalen Zeitalter für Qualität, Funktionsfähigkeit und Nützlichkeit stehen. Wer Machbarkeit von Anfang an mitdenkt, kann Digitalisierung jenseits von reinen Informationskampagnen neu denken. Daten sind nichts anderes als Informationen, die sich exponentiell vermehren, quasi wie Pilze aus dem Boden schießen. Dabei ist oft nicht klar, wer Eigentümer von Daten ist, wer sie kopiert und dupliziert. Gerade deshalb muss Nachvollziehbarkeit an oberster Stelle stehen. Das erfordert Transparenz und klare Regeln. Wie wir wissen, lauern Gefahren, z. B. Cybermobbing, die Ausbreitung von Fake News und Verschwörungstheorien. Wenig zielführend hingegen dürfte eine Identifizierungspflicht für alle Nutzer sein. Studien belegen, dass es mitnichten primär diejenigen mit „Fake-Profilen" sind, die sich in demokratisch nicht zu akzeptierender Weise im Netz bewegen.[306]

Deutschland hat sich beim Digitalisierungsthema nicht als erstes bewegt, ist aber anpassungsfähig. Menschen brauchen in Transformationsprozessen eine Brücke. Der digitale Staat muss diese bauen. Die Pandemie wird ein Transformationsbeschleuniger sein, auch nach dem Ad-hoc-Veränderungsdruck. Nach der Pandemie wird es keine Argumente mehr geben, E-Services partout und dogmatisch abzulehnen.[307]

Deutschland benötigt folgende Paradigmenwechsel:

DER MENSCH STEHT IM ZENTRUM DER DIGITALISIERUNG UND IST DER SOUVERÄN (DER DATEN)

Die Digitalisierung ist in einen Chancendiskurs zu stellen – sie bietet den Menschen als Individuen und der Gesellschaft als Kollektiv eine positive Veränderung. Wünsche, aber auch Ängste sind in die digitalen Transformationsprozesse einzubinden. Zum digitalen Wandel in der Gesellschaft gehören eigenverantwortliches Handeln, Schutz der Person und ihrer Rechte. Es muss die Möglichkeit bestehen, von der Digitalisierung auf allen Ebenen zu profitieren, etwa auch im ländlichen Raum. Dabei geht es nicht darum, aus dem „Homo sapiens" einen „Homo Deus"[308] zu schaffen, sondern gerade im Gesundheitswesen die neuen digitalen Möglichkeiten zu nutzen.

DIGITAL LITERACY FÜR ALLE UND ETABLIERUNG EINER DIGITALEN BILDUNGSKULTUR

Ziel ist der „Homo technicus"[309], der sich im Informationsdschungel der „schönen, neuen Welt" zurechtfindet. Menschen sollen ein echtes Verständnis über die sie betreffenden digitalen Prozesse und ihre möglichen Folgen haben. Dies ist Grundvoraussetzung für eine erfolgreiche Mitwirkung an einer digitalen Gesellschaft. Eine digitale Bildungskultur sollte die Vermittlung von technischen Grundkompetenzen über alle Stufen und Schularten hinweg vermitteln. Programmieren muss fester Bestandteil der Lehrpläne werden, dabei aber als Bestandteil des sozialen Lernens in Partner- und Gruppenarbeit eingebettet werden. Roboterklassen (vgl. Kapitel 4.1.) leben gerade vom Gemeinsamkeitseffekt, wenn man Technik funktionsfähig macht. So wird es etwa in Estland praktiziert.

Lehrpersonen sind entsprechend weiterzubilden und zu befähigen, für die Zukunft relevante Inhalte zu entwickeln und zu lehren, aber auch die Vermittlung von Lernstoff auf digitalen Kanälen ohne Wissensverlust und diskriminierungsfrei zu ermöglichen. Homeschooling müsste nach der Pandemie auf eine neue Stufe gestellt werden. Wie in Estland müssen Lehrerinnen und Lehrer alle Schulmaterialen online stellen. Das Modell, das jede Klasse einen IT-Lotsen von der Schülerseite aus und unterstützend für die Lehrerseite hat, sollte übertragen werden. Ein IT-Lehrer ist direkter Ansprechpartner, Mädchen gehören hier besonders gefördert. Die estnischen Erfahrungen zeigen, dass sie oft etwas „schüchtern" sind, sich hier nach vorne zu drängen. Die digitale Ethik ist an Schulen und Universitäten weitaus stärker zu verankern, als es bisher der Fall ist.

DIGITALISIERUNG ALS STAATSZIEL

Digitalisierung hat oberste politische Priorität und braucht eine darauf ausgerichtete Managementstruktur in allen Regierungen, Behörden und Ministerien, ein Tempo, das sich an ehrgeizigen Monatsplänen ausrichtet und auf eine breite Kompetenz der gesamten Bevölkerung zielt. Es sollte erwogen werden, „Digitalisierung" als neues Staatsziel zu formulieren und mit einem Verfassungsauftrag zu versehen, wie es einst mit dem „Umweltschutz" geschah.[310] Jede Kabinettvorlage sollte darauf geprüft werden, welche möglichen Auswirkungen sich für den digitalen Staat ergeben. Ein eigenes Ministerium hilft dabei nur als Placebo weiter, wie die Erfahrungen aus dem Freistaat Bayern zeigen. Viel wichtiger ist, Daseinsvorsorge für den ländlichen Raum zu betreiben, um Effekte wie Überalterung einzudämmen und Landflucht in den Griff zu bekommen. Durch den Breitbandausbau lässt sich (endlich auch) auf dem Dorf arbeiten, wo das Leben viel billiger ist als in Großstädten mit überhitzten, sozial unverträglichen Preisen für Miete und Eigentum.

STAATLICHE ZURÜCKHALTUNG BEI DER DATENSAMMLUNG VON PRIVATPERSONEN UND KEINE DISKRIMINIERUNG DURCH KÜNSTLICHE INTELLIGENZ

Der Staat muss sich auf allen Ebenen äußerste Zurückhaltung bei der Datensammlung von Privatpersonen auferlegen. Überwachung und

Vorratsdatenspeicherung sollten in der Güterabwägung auf explizite Schutzgüter begrenzt und demokratisch legitimiert sein. Bei Missbrauch gilt es, den Staat in die Pflicht zu nehmen. Die zunehmende Nutzung von Daten und Algorithmen im Lebens- und Arbeitsalltag verändert bereits die Rahmenbedingungen des gesellschaftlichen Zusammenlebens, auch ohne Künstliche Intelligenz. KI ist eine weitere Stufe dieser Entwicklung. Mögliche Diskriminierungen müssen daher rigoros geahndet werden, besonders innerhalb des Rechtssystems.

DIGITALE SELBSTBESTIMMUNG ALS GRUNDVORAUSSETZUNG

Alle müssen die Möglichkeit haben, sich im digitalen Raum zu bewegen und zu schützen. Dazu gehört die Hoheit über die eigenen Daten und die hinreichende Aufklärung und Kenntnis über die eigenen Datenschutzrechte. Mehr noch: die Freiheit, auch offline leben und aus dem Hamsterrad der Verfügbarkeit und Erreichbarkeit aussteigen zu können – gedacht auch als Freiheit vor einem dann digitalen Staat. Jeder Einzelne muss die Fähigkeit erlangen, Filterblasen in digitalen Ökosystemen zu erkennen und zu beseitigen und Echtes von Unechtem zu unterscheiden. Die Gewährleistung eines barriere- und diskriminierungsfreien Zugangs zu digitalen Produkten und Dienstleistungen ist ebenso wichtig.

PLÄDOYER FÜR DEN DIGITALEN STAAT

Der Staat sollte seine Verantwortung übernehmen und seine Kernaufgaben erfüllen können, auch wenn sie eine digitale Transformation erfordern. Regierungen und Verwaltungen müssen das Vertrauen der Bevölkerung in digitale Instrumente stärken, Zuversicht ausstrahlen und eine Vorbildrolle übernehmen. Bedenken und Ängsten der Bevölkerung ist mit Sachlichkeit, Wissenschaftlichkeit und Sicherheitsvorkehrungen zu begegnen. Vor allem aber muss E-Government flächendeckend ausgebaut und die technologische Entwicklung dazu genutzt werden, die Verwaltungstätigkeit zu optimieren und die Interaktion zwischen Behörden, der Bevölkerung und der Wirtschaft zu stärken und zu vereinfachen.

Eignen sich Methoden – wie etwa zur Authentifizierung – aus der Privatwirtschaft, muss eine Adaption geprüft werden.

Digitalisierung soll in allen Anwendungsfeldern und Berührungspunk-
ten zum Staat wie ein Teppich ausgerollt werden. Zentral ist hier eine
elektronische Identifikationsmöglichkeit, die Schaffung einer starken
digitalen Identität. Dies erfordert einen Paradigmenwechsel, der vom
Bund, von den Ländern und von den Kommunen eingeläutet und vor-
gelebt werden muss. Silostrukturen müssen durch eine übergeord-
nete und durchgängige Architektur ersetzt werden, Medienbrüche
sind aufzuheben. Gelingt das, schafft sich der Staat keineswegs ab.
Ganz im Gegenteil: Der digitale Staat kann auch im globalen Wettbewerb zum unaufgeregten wie nachhaltigen Erfolgsprinzip werden.
Dafür gilt es aber, seine Funktion als Dienstleister zu entwickeln und
dynamischer als bisher auszubauen. Man muss dabei keine Erlösungs-
oder Ersatzreligionen bemühen, sondern sich neue Wirkungszusam-
menhänge erschließen. Ein bisschen in Fragen der Machbarkeit und
Nutzerannahme nach Estland zu schielen kann dabei aber nicht schaden. Dann bleibt es auch nicht bei einer Ankündigungsprosa, sondern
es wirkt der Erfolg des Faktischen – ganz unaufgeregt und selbstverständlich. Wir können das schaffen.

ABBILDUNGSVERZEICHNIS

Tabelle 1: Entstehung von Online-Informationen 31

Abbildung 1: Input-Output-Modell des politischen Systems 40

Abbildung 2: Die vier Stufen zu einem E-Government 42

Tabelle 2: Digitalisierungstiefe in deutschen Bürgerämtern 43

Abbildung 3: Zweieinhalb Stunden für einen analogen
Behördenbesuch 52

Tabelle 3: Nutzung von Faxgeräten in den Bundesministerien 54

Abbildung 4: Einer für Alle/Vielem 59

Abbildung 5: Lebenszyklus in der digitalen Welt 69

Abbildung 6: Schritte der Digitalisierung Estlands 78

Abbildung 7: Die Vernetzung durch die X-Road 85

Abbildung 8: Welche digitalen Anwendungen erleichtern
Ihren Alltag? 88

Abbildung 9: In welchem Jahr haben Sie angefangen,
E-Services zu nutzen? 88

Abbildung 10: Wie haben Sie digitale Anwendungen erlernt? 89

Abbildung 11: Vertrauen Sie darauf, dass die staatlichen
Institutionen Ihre privaten Daten schützen? 89

Abbildung 12: Befürchten Sie, dass staatliche Institutionen Ihre
privaten Daten gegen Sie verwenden können? 90

Abbildung 13: Sind Sie der Meinung, dass die Digitalisierung
eine Spaltung zwischen den Generationen verstärkt hat? 90

Abbildung 14: Entwicklung des estnischen Gesundheitssystems 104

Abbildung 15: Übersichtskarte Digital Health in Estland 105

Abbildung 16: Nutzerverhalten des digitalen Gesundheitssystems pro Monat (Estland) 107

Tabelle 4: Punktgewinne und -verluste zur Kontrolle
des sozialen Verhaltens 126

Abbildung 17: Auf dem Weg zur 7. Generation digitaler
Services 146

DER AUTOR

Dr. Florian Hartleb (geb. 1979 in Passau) studierte zunächst Politik-
wissenschaft, Rechtswissenschaft und Psychologie an der Eastern
Illinois University (USA) und an der Universität Passau, bevor er 2004 an
der Technischen Universität Chemnitz zum Thema Links- und Rechts-
populismus promovierte und mit „summa cum laude" abschloss. Er war
Stipendiat in der Journalistischen Nachwuchsförderung der Konrad-
Adenauer-Stiftung, dann während der Promotion bei der Hanns-Seidel-
Stiftung. Seitdem arbeitet er mit vielen verschiedenen Organisationen
und Administrationen zusammen. So war er Pressereferent im Bundestag, beriet das Bundespräsidialamt und das Europäische Parlament.
Hartleb lebt seit 2014 in Tallinn/Estland und ist dort Managing Director
der von ihm gegründeten Hanse Advice. Er organisiert Delegationsreisen
zur Digitalisierung und berät zur digitalen Transformation (vergangene
Projekte in Bayern und Baden-Württemberg). Hartleb unterrichtet der-
zeit an der Katholischen Universität Eichstätt sowie an der Fachhoch-
schule der Polizei Sachsen-Anhalt in Aschersleben. In der Vergangenheit
hat er u. a. an der Führungsakademie der Bundeswehr in Hamburg, der
Universität Bonn und der Hochschule für Politik München gelehrt. Seit
Oktober 2020 ist er als externer Sachverständiger Mitglied der vom niedersächsischen Landtag eingesetzten Enquetekommission „Rahmenbedingungen für das ehrenamtliche Engagement verbessern". Zuletzt
erschienen von ihm die Bücher „Politik in den eigenen Händen. Eine
Struktur gegen den täglichen Informations-Overkill" (BrainBook-Verlag
2020) sowie „Einsame Wölfe. Der neue Terrorismus rechter Einzeltäter",
2. Aufl. (Hoffmann und Campe 2020, auch auf Englisch bei Springer).
Hartleb hat in mehr als 30 verschiedenen Ländern Vorträge gehalten. Als
Experte war er bei der ARD), dem ZDF, RTL, ARTE und weiteren Medien
zu Gast.

ANMERKUNGEN

1 CDU-Wirtschaftsrat: Angela Merkel: Chancen der Digitalisierung nutzen, 10. Juni 2015, https://archiv.cdu.de/artikel/merkel-chancen-der-digitalisierung-nutzen (abgerufen am 2. Juni 2021).

2 Wissenschaftlicher Beitrag beim Bundesministerium für Wirtschaft und Energie: Digitalisierung in Deutschland – Lehren aus der Coronakrise, Berlin, März 2021, S. 26, https://www.bmwi.de/Redaktion/DE/Publikationen/Ministerium/Veroeffentlichung-Wissenschaftlicher-Beirat/gutachten-digitalisierung-in-deutschland.pdf?__blob=publicationFile&v=4 (abgerufen am 10. Juni 2021).

3 Vgl. Thomas Mayer: Aufgeblähter Staatsapparat. Geht es so weiter, werden wir zynisch und ohne Hoffnung auf unser Land blicken, in: Die Welt vom 9. April 2021, https://amp-welt-de.cdn.ampproject.org/c/s/amp.welt.de/finanzen/article229727419/Aufgeblaehter-Staatsapparat-Geht-es-so-weiter-werden-wir-zynisch-und-ohne-Hoffnung-auf-unser-Land-blicken.html (abgerufen am 9. April 2021).

4 Bereits vor der Covid-19-Pandemie grundlegend zum Thema Martin Schallbruch: Schwacher Staat im Netz. Wie die Digitalisierung den Staat in Frage stellt, Wiesbaden 2018.

5 Lawrence Lessig: Code and Other Laws of Cyberspace, New York 1999.

6 World Economic Forum: These are the most innovative economies in the world, 10. Februar 2020, https://www.weforum.org/agenda/2020/02/most-innovative-economies-global?utm_source=twitter&utm_medium=social_scheduler&utm_term=Innovation&utm_content=05/01/2021+20:00 (abgerufen am 6. Januar 2021).

7 Vgl. mit Originalzitat David Graeber: Bürokratie. Die Utopie der Regeln, München 2017, insb. S. 8 f.

8 Vgl. die Analyse von Richard Münch: Die akademische Elite. Zur sozialen Konstruktion wissenschaftlicher Exzellenz, Frankfurt a. M. 2007.

9 Vgl. Redaktionsnetzwerk Deutschland: Wie Deutschland die Digitalisierung verpennt, 20. September 2019, https://www.rnd.de/politik/report-wie-deutschland-die-digitalisierung-verpennt-KNUE5YEFTBFZLBC6UW7N3B7XA4.html (abgerufen am 7. Januar 2021).

10 Government Technology: COVID-19 Pushes Digital Services from Luxury to Necessity, Dezember 2020, https://www.govtech.com/civic/COVID-19-Pushes-Digital-Services-from-Luxury-to-Necessity.html?_lrsc=1e9874d3-ae73-4ade-af57-14cff4bc62b9 (abgerufen am 5. Januar 2021).

11 Markus Söder: Wir gestalten Digitalisierung, CSU-Meldung, 4. Dezember 2018, https://www.csu.de/aktuell/meldungen/dezember-2018/soeder-wir-gestalten-digitalisierung/ (abgerufen am 2. Mai 2021).

12 „Debakel mit Ansage bei Corona-Tests", in: Deutschlandfunk, 13. August 2020, https://www.deutschlandfunk.de/bayern-debakel-mit-ansage-bei-corona-tests.694.de.html?dram:article_id=482303 (abgerufen am 2. November 2020).

13 Datenschützer Petri fordert Lösungen im Gesundheitsbereich, in: Abendzeitung vom 25. Mai 2021, https://www.abendzeitung-muenchen.de/bayern/datenschuetzer-petri-fordert-loesungen-im-gesundheitsbereich-art-730384 (abgerufen am 2. Juni 2021).

14 Netzwerk Digitalisierung der CDU: Beschluss, Deutschland als Vorreiter des digitalen Staates, 2016, https://www.cdu.de/system/tdf/media/dokumente/2016-beschluss-deutschland-als-vorreiter-des-digitalen_staates.pdf?file=1 (abgerufen am 2. Januar 2021).

15 Dietrich Creutzburg: Der Staat will jetzt digital werden, in: F.A.Z., 11. 01. 2021, S. 17.

16 So Matthias Iken: Datenschutz – Deutschlands letzte heilige Kuh, in: Hamburger Abendblatt vom 21. November 2020, https://www.abendblatt.de/article230967058/Datenschutz-Deutschlands-letzte-heilige-Kuh.html?fbclid=IwAR0RQXcd5oXGZxjyOa-1HoPJUZ8dNpyHsSiYk8bu_2nsZ40JwF4v_9I35Zs (abgerufen am 3. Februar 2021).

17 So optimistisch Reinhard Müller: Schwarz Rot Gut – Wie Deutschland sich immer wieder neu erfindet, Frankfurter Allgemeine Buch, Frankfurt a. M. 2020.

18 Christoph Keese: Disrupt Yourself. Vom Abenteuer, sich in der digitalen Welt neu erfinden zu müssen, München 2018, hier S. 272.

19 Ende einer Ära: Der Ikea-Katalog wird eingestellt, in: Handelsblatt vom 7. Dezember 2020, https://www.handelsblatt.com/dpa/wirtschaft-handel-und-finanzen-roundup-ende-einer-aera-der-ikea-katalog-wird-eingestellt/26695018.html (abgerufen am 9. Dezember 2020).

20 Anke Knopp: Das neue digitale Landleben. Smart und innovativ statt abgehängt und analog, Frankfurt a. M. 2019, S. 28.

21 So ein leitender Mitarbeiter im Landratsamt Neckar-Odenwald-Kreis, 23. November 2020 in der Diskussion nach einem Vortrag des Autors.

22 Kommentar nach einem Vortrag des Autors zum Thema „Digitaler Staat" am Beispiel Estlands.

23 Das meint den stetig wachsenden Einfluss von Consulting-Unternehmen auf die Politik.

24 Dominik Sekacic: Warum bei Digitalisierung alle falsch liegen, Blogbeitrag, Fusonic, 11. Februar 2019, https://www.fusonic.net/de/blog/irrtuemer-der-digitalisierung/ (abgerufen am 2. Dezember 2020).

25 Vgl. Nortal/Boston Consulting: Zehn Jahre elektronischer Personalausweis: Wie Deutschland ein erfolgreiches eID-Ökosystem aufbauen kann, Oktober 2020, S. 6 und 9, http://nortal.com/wp-content/uploads/2020/11/Report-eAuthentifizierung-und-eSignatur_vff_20201105.pdf (abgerufen am 16. November 2020).

26 Vgl. Georg Giersberg: So digital ist Deutschland, in: Faz.net vom 28. März 2019, https://www.faz.net/aktuell/wirtschaft/digitec/so-digital-ist-deutschland-16107920.html (abgerufen am 16. November 2020).

27 Dialogoffensive der Bundesregierung: Deutschland spricht über 5 G, https://www.deutschland-spricht-ueber-5g.de/ (abgerufen am 16. Januar 2021).

28 Die Bundesregierung: Die Digitalstrategie der Bundesregierung, September 2020, https://www.bundesregierung.de/breg-de/themen/digitalisierung/die-digitalstrategie-der-bundesregierung-1549554 (abgerufen am 15. November 2020).

29 Die Bundesregierung: Die Digitalstrategie der Bundesregierung, September 2020, https://www.bundesregierung.de/breg-de/themen/digitalisierung/die-digitalstrategie-der-bundesregierung-1549554 (abgerufen am 15. November 2020).

30 Ulrich Sarcinelli: Der Staat in Zeiten des Internets. Auf der Suche nach einer Legitimationsarchitektur für die digitale Kommunikationsgesellschaft – Ein Essay, in: Zeitschrift für Parlamentsfragen, 51 (2020) 3, S. 703-721, hier S. 716.

31 Vgl. ebd. sowie Enquete-Kommission Internet und digitale Gesellschaft Abschlussbericht, in: Bundestagsdrucksache 17/12550, 5. April 2013.

32 Vgl. Enquete-Kommission des Deutschen Bundestages in einem 806-seitigen Abschlussbericht zum Thema „Künstliche Intelligenz – Gesellschaftliche Verantwortung und wirtschaftliche, soziale und ökologische Potenziale", Bundestagsdrucksache 19/23700, 28. Oktober 2020, S. 130, https://dserver.bundestag.de/btd/19/237/1923700.pdf (abgerufen am 20. Mai 2021).

33 Vgl. Website der Bundesregierung: Der Digitalrat – Experten, die uns antreiben,

https://www.bundesregierung.de/breg-de/themen/digitalisierung/der-digitalrat-experten-die-uns-antreiben-1504866 (abgerufen am 3. November 2020).

34 Deutsche Welle vom 19. März 2020, „Coronavirus sends class home. Estonia's ready, Germany lags", https://www.dw.com/en/coronavirus-sends-class-home-estonias-ready-germany-lags/a-52830864 (abgerufen am 16. November 2020).

35 Vgl. Nationaler Normenkontrollrat: Gutachten zum E-Government in Deutschland, 18. November 2015, https://www.normenkontrollrat.bund.de/nkr-de/service/presse/pressemitteilungen/der-nationale-normenkontrollrat-veroeffentlicht-gutachten-E-Government-in-deutschland-vom-abstieg-zum-aufstieg--444084 (abgerufen am 2. November 2020).

36 Nationaler Normenkontrollrat: Jahresbericht 2020, „Krise als Weckruf", 21. Oktober 2020, https://www.normenkontrollrat.bund.de/nkr-de/nationaler-normenkontrollrat-legt-jahresbericht-2020-vor-1799072 (abgerufen am 5. November 2020).

37 Vgl. Magazin für Professionelle Informationstechnik: Gesetz verkündet: Bürgeridentifikationsnummer kommt, 6. April 2021, https://www.heise.de/news/Gesetz-verkuendet-Buergeridentifikationsnummer-kommt-6006435.html?view=print (abgerufen am 7. April 2021).

38 Peter Altmaier: „Team aus Estland einfliegen", in: Faz.net vom 12. April 2021, https://www.faz.net/aktuell/wirtschaft/digitec/altmaier-zu-digitalisierung-estland-um-hilfe-bitten-17289188.html (abgerufen am 13. April 2021).

39 Nortal/Boston Consulting: Zehn Jahre elektronischer Personalausweis: Wie Deutschland ein erfolgreiches eID-Ökosystem aufbauen kann, Oktober 2020, S. 11, http://nortal.com/wp-content/uploads/2020/11/Report-eAuthentifizierung-und-eSignatur_vff_20201105.pdf (abgerufen am 16. November 2020).

40 Zitiert nach Hauke Goos u. a.: „Im Ja-aber-Land", in: Der Spiegel, Nr. 48, 24. November 2018, S. 66-72, hier S. 72.

41 So Benedikt Becker: Sind die Esten echt die Besten?, in: WirtschaftsWoche online vom 7. März 2020, https://www.wiwo.de/my/politik/ausland/baltisches-vorbild-sind-die-esten-echt-die-besten/25611250.html?ticket=ST-430015-dJcWuL-bIcmGBnXOGibOC-ap3 (abgerufen am 15. April 2020).

42 So Dorothee Bär: „Ich hoffe, dass wir auch digital alle gestärkt aus der Krise kommen", Interview, Spiegel online vom 30. März 2020, https://www.spiegel.de/politik/deutschland/dorothee-baer-ich-hoffe-dass-wir-alle-aus-der-krise-auch-digital-gestaerkt-kommen-a-ed95eacf-3a93-4a06-8e23-1fd995305137?fbclid=IwAR-3g9AXhieYpk47_PaR-qgzJn8enc5B5Lxcw0ht45NGUbcl5nkryLOe8Diw (abgerufen am 17. Mai 2021).

43 Dorothee Bär: Es geht viel, viel zu langsam, in: Die Zeit vom 6. März 2018, https://www.zeit.de/digital/2018-03/dorothee-baer-digitalisierung-datenschutz (abgerufen am 17. Oktober 2020).

44 „Merkel lobt Estland als eines der innovativsten Länder", Handelsblatt online vom 25. August 2016, https://www.handelsblatt.com/politik/deutschland/digitalisierung-in-europa-merkel-lobt-estland-als-eines-der-innovativsten-laender/14456082.html?ticket=ST-515823-4efZGZFRYlojzBGm1Jze-ap4 (abgerufen am 15. Oktober 2020) sowie eigene Beobachtung.

45 Tobias Hans: „Saarland soll Estland der Bundesrepublik werden", in: Sol.de vom 7. August 2018, https://www.sol.de/news/saarland/Tobias-Hans-Saarland-soll-Estland-der-Bundesrepublik-werden,275327 (abgerufen am 18. Oktober 2020).

46 Vgl. Bert Rürup/Sven Jung: Digitalisierung: Chancen auf neues Wachstum, in: Dies. (Hg.): CSR und Digitalisierung, Berlin/Heidelberg 2017, S. 3-21.

47 Vgl. Carl Benedikt Frey and Michael A. Osborne: The Future of Employment: How

susceptible are Jobs to Computerisation, University of Oxford, September 2013, https://www.oxfordmartin.ox.ac.uk/downloads/academic/The_Future_of_Employment.pdf (abgerufen am 12. Januar 2021).

48 Vgl. Sven Afhüppe u. a.: Die totale Verführung – Wie der Streamingdienst Netflix die Filmwelt erobert, in: Handelsblatt vom 14. Februar 2019, https://www.handelsblatt.com/unternehmen/it-medien/im-reich-des-weltfernsehens-die-totale-verfuehrung-wie-der-streamingdienst-netflix-die-filmwelt-erobert/23977000.html?ticket=ST-7706483-bTiw1GUXSBNe1gi6XoZH-ap2 (abgerufen am 14. Februar 2021).

49 So Dominique Cardon: Den Algorithmus dekonstruieren. Vier Typen digitaler Informationsberechnung, in: Robert Seyfert/Jonathan Roberge (Hg.): Algorithmuskulturen. Über die rechnerische Konstruktion der Wirklichkeit, Bielefeld 2017, S. 131-150, hier S. 133.

50 So Marie-Luise Wolff: Die Anbetung. Über eine Superideologie namens Digitalisierung, Frankfurt a. M. 2020, S. 233.

51 Vgl. Tanja Klenk u. a.: Auf dem Weg zum Digitalen Staat. Stand und Perspektiven der Digitalisierung in Staat und Gesellschaft, in: Tanja Klenk u. a. (Hg.): Handbuch Digitalisierung in Staat und Verwaltung, Wiesbaden: Springer Nature 2020, S. 3-23, hier S. 5.

52 Vgl. Michael Kroker: Weltweite Datenmengen sollen bis 2025 auf 175 Zetabytes wachsen – 8 mal so viel wie 2017, Blog, WirtschaftsWoche vom 27. November 2018, https://blog.wiwo.de/look-at-it/2018/11/27/weltweite-datenmengen-sollen-bis-2025-auf-175-zetabyte-wachsen-8-mal-so-viel-wie-2017/ (abgerufen am 9. November 2020).

53 Armin Nassehi: Theorie der digitalen Gesellschaft, München 2019, S. 119.

54 Vgl. Tanja Klenk u. a.: Auf dem Weg zum Digitalen Staat. Stand und Perspektiven der Digitalisierung in Staat und Gesellschaft, in: Tanja Klenk u. a. (Hg.): Handbuch Digitalisierung in Staat und Verwaltung, Wiesbaden: Springer Nature 2020, S. 3-23, hier S. 5 f.

55 Vgl. Richard David Precht: Jäger, Hirten, Kritiker. Eine Utopie für die digitale Gesellschaft, München 2018.

56 Vgl. Judith Muster/Kai Matthiesen: Digitalisierung am Reißbrett, in: Metaplan, Blog, 4. Dezember 2017, https://resources.metaplan.de/2017/12/04/digitalisierung-am-reissbrett/ (abgerufen am 8. November 2020).

57 Vgl. Miriam Lips: Digital Government. Managing Public Sector Reforms, London/New York 2020, S. 240.

58 Vgl. Silke Ritter: Erfolgreiche Unternehmen scheitern an der Digitalisierung, Blog, Management Circle, 18. November 2019, https://www.management-circle.de/blog/etablierte-unternehmen-scheitern-an-der-digitalisierung/ (abgerufen am 15. Oktober 2020).

59 Vgl. Deutsche Staatsschulden auf Rekordniveau, in: FAZ.net vom 22. Dezember 2020, https://www.faz.net/aktuell/wirtschaft/mehr-wirtschaft/wegen-corona-deutsche-staatsschulden-auf-rekordniveau-17114304.html (abgerufen am 2. Februar 2021).

60 Vgl. David Easton: A Framework for Political Analysis, Chicago 1965, S. 112.

61 Vgl. Miriam Lips: Digital Government. Managing Public Sector Reforms, London/New York 2020, S. 14 f.

62 Vgl. Al Gore: Access America: Reengineering through Information Technology, February 1997, https://govinfo.library.unt.edu/npr/library/announc/access/acessrpt.html (abgerufen am 18. Januar 2021).

63 Vgl. Victor Bekkers/Vincent Homburg: The Myths of E-Government. Looking Beyond the Assumptions of a New and Better Government, in: Information Society, 23 (2007) 5, S. 373-382.

64 Vgl. Karl Popper: The Open Society and Its Enemies, London 1945 (auf Deutsch: Der Zauber Platons, München 1957). Vgl. zur Diskussion der Narrative von E-Government Dirk Draheim/Keegan McBride/Yuri Misnikov/Florian Hartleb/ Mihkel Lauk/Florian Lemke/Takehiko Nagumo/Ingrid Pappel: On the Narratives and Background Narratives of e-Government. Proceedings of the 53rd Hawaii International Conference on System Sciences 2020 (HICSS-53): Januar 2020.

65 Vgl. Tanja Klenk: Auf dem Weg zum digitalen Staat, in: Tanja Klenk u.a. (Hg.): Handbuch Digitalisierung in Staat und Verwaltung, Wiesbaden: Springer Nature 2020, S. 3-23, hier S. 7 f.

66 So Karen Layne/Junwoo Lee: Developing fully functional E-government: A four stage model, in: Government information quarterly, 18 (2001) 2, S. 122-136 (übersetzt). Den Hinweis verdanke ich Prof. Dr. Dr. Robert Krimmer. Der Österreicher lehrt E-Governance an der Universität Tartu/Estland.

67 Jörg Bogumil et al.: Bürgerämter in Deutschland, Baden-Baden, 2019; diese interpretierend Christian Schwab u.a.: Digitalisierung von Verwaltungsleistungen, in: Tanja Klenk u.a. (Hg.): Handbuch Digitalisierung in Staat und Verwaltung, Wiesbaden 2020, S. 437-448, hier S. 441 f.

68 So auch der Tenor von Marcel Dobler: Wie echte Digitalisierung die Bürokratie bekämpfen könnte, in: Neue Zürcher Zeitung vom 22. März 2021.

69 Sebastian Matthes: Corona legt Deutschlands digitale Defizite schonungslos offen, in: Handelsblatt vom 9. April 2020, https://www.handelsblatt.com/meinung/kommentare/kommentar-corona-legt-deutschlands-digitale-defizite-schonungslos-offen/25725782.html (abgerufen am 15. Mai 2021).

70 Vgl. Christian Meier: Jens Spahns Deal mit Google ist entlarvend und gefährlich, in: Die Welt vom 12. November 2020, https://www.welt.de/debatte/kommentare/article219956498/Gesundheitsportal-Wie-Jens-Spahn-Google-staerkt.html (abgerufen am 12. Februar 2021).

71 So Marie-Luise Wolff: Die Anbetung. Über eine Superideologie namens Digitalisierung, Frankfurt a.M. 2020.

72 Anordnung des Hamburger Datenschutzbeauftragten: WhatsApp darf keine Daten an Facebook weitergeben, in: Netzpolitik.org vom 27. September 2016, https://netzpolitik.org/2016/anordnung-des-hamburger-datenschutzbeauftragten-whatsapp-darf-keine-daten-an-facebook-weitergeben/ (abgerufen am 13. Februar 2021).

73 Vgl. Karen Yeung: „Hypernudge". Big Data as a mode of Regulation by design, in: Information, Communication & Society, 20 (2017), S. 1-19.

74 Vgl. Tobias Jakobi: E-Government in Deutschland, in: Andreas Busch u.a. (Hg.): Netzpolitik. Ein einführender Überblick, Wiesbaden 2019, S. 191-224, hier S. 192.

75 Vgl. Institut für Demoskopie Allensbach im Auftrag des European Center for Digital Competitiveness: Digitalreport 2020, Berlin 2020, https://digital-competitiveness.eu/wp-content/uploads/Digitalreport_2020-1.pdf (abgerufen am 2. November 2020). Die Befragung der Spitzenkräfte basiert dabei auf einer Umfrage von rund 500 Top-Führungskräften aus Wirtschaft und Politik, die repräsentative Bevölkerungsumfrage auf knapp 1.300 Face-to-Face-Interviews. Die Befragungen wurden im Oktober bzw. im November 2019 durchgeführt.

76 Vgl. Bild.de vom 11. November 2021, „Einreisebestimmung lässt sich leicht austricksen", https://www.bild.de/bild-plus/digital/internet/internet/einreiseanmeldung-

corona-seite-laesst-sich-ganz-einfach-austricksen-73888618.bild.html (abgerufen am 2. Februar 2021).

77 Vgl. Hans-Peter Schwarz: Die neue Völkerwanderung nach Europa. Über den Verlust politischer Kontrolle und moralischer Gewissheiten, München 2017.

78 Vgl. Gerhard Schröder: „Die Daten müssen laufen, nicht die Bürger", in: Spiegel online vom 15. Mai 2001, https://www.spiegel.de/netzwelt/web/gerhard-schroeder-die-daten-muessen-laufen-nicht-die-buerger-a-133931.html (abgerufen am 15. Oktober 2020).

79 Zitiert nach Konrad Lischka: Am Bildschirm unterschreiben, in: die tageszeitung vom 1. August 2002, https://taz.de/!1096633/ (abgerufen am 3. Juni 2021).

80 Vgl. Tobias Jakobi: E-Government in Deutschland, in: Andreas Busch u.a. (Hg.): Netzpolitik. Ein einführender Überblick, Wiesbaden 2019, S. 191-224, hier S. 204.

81 Zitiert nach Konrad Lischka: Am Bildschirm unterschreiben, in: die tageszeitung vom 1. August 2002, https://taz.de/!1096633/ (abgerufen am 3. Juni 2021).

82 Vgl. Bitkom-Studie: „Corona-Pandemie beschleunigt Digitalisierung der Verwaltung", 15. Oktober 2020, https://www.bitkom.org/Presse/Presseinformation/Corona-Pandemie-beschleunigt-Digitalisierung-der-Verwaltung (abgerufen am 3. November 2020).

83 Bitkom-Umfrage, 12. Juli 2019, 3 von 10 Jugendlichen haben noch nie von Faxgeräten gehört, https://www.bitkom.org/Presse/Presseinformation/3-von-10-Jugendlichen-haben-noch-nie-von-Faxgeraeten-gehoert (abgerufen am 2. November 2020). Dabei wurden 915 Kinder und Jugendliche im Alter von 6 bis 18 Jahren in Deutschland befragt.

84 Schriftliche Frage des Abgeordneten Prof. Dr. Andrew Ullmann vom 30. September 2020 (Monat September 2020, Arbeits-Nr. 9/512), Beantwortung durch das Bundesministerium des Innern, für Bau und Heimat.

85 Vgl. ebd.

86 Vgl. etwa Twitter-Eintrag von Jochen A. Werner, https://twitter.com/MedInfluencer/status/1196879782828486656 (abgerufen am 15. Mai 2021).

87 Vgl. Njema Drammeh: Digitalisierung: Faxgeräte sind „absolut unsicher", Kommunal.de vom 14. August 2018, https://kommunal.de/index.php/digitalisierung-faxgeraete-sind-absolut-unsicher (abgerufen am 17. September 2020). Vgl. auch mit Bezug auf die israelische Cybersecurity-Firma Checkpoint Robert Stevens: Hackers are targeting your old fax machines, Israeli cybersecurity firm warns, in: The Times of Israel, 13. August 2008, https://www.timesofisrael.com/hackers-are-targeting-your-old-fax-machines-israeli-cybersecurity-firm-warns/ (abgerufen am 17. September 2020).

88 Lars Zimmermann (Interview): „Ohne Faxgerät wären wir aufgeschmissen.", in: Brand eins, September 2020, https://www.brandeins.de/magazine/brand-eins-wirtschaftsmagazin/2020/pause/ohne-faxgeraet-waeren-wir-aufgeschmissen (abgerufen am 2. November 2020).

89 Vgl. Redaktionsnetzwerk Deutschland: „Eine neue Epoche". Bundestag schafft Faxgeräte ab, 14. Januar 2021, https://www.rnd.de/politik/digitalisierung-im-bundestag-parlament-schafft-faxgerate-ab-eine-neue-epoche-A7QRYGYT32J73IMEJ5O6LV34F4.html (abgerufen am 17. Januar 2020).

90 Regierung von Oberfranken: Pressemitteilung vom 30. März 2021, Verwaltungsmodernisierung: Jetzt fünfstellige Faxnummern, https://www.regierung.oberfranken.bayern.de/presse/pressemitteilungen/2021/pm026/index.html (abgerufen am 2. April 2021).

91 Ebd.

92 Fax statt Videochat. So groß ist das Digitalisierungsdefizit der Gesundheitsämter, in: WirtschaftsWoche vom 11. November 2020, https://www.wiwo.de/politik/deutschland/coronakrise-fax-statt-videochat-so-gross-ist-das-digitalisierungs-defizit-der-gesundheitsaemter/26612382.html (abgerufen am 2. Februar 2021).

93 Willkommen in der Kreidezeit. Kommentar zur Digitalisierung in Deutschland, in: Bild-Zeitung vom 11. November 2020, https://www.bild.de/politik/kolumnen/kolumne/kommentar-zur-digitalisierung-in-deutschland-willkommen-in-der-kreidezeit-73880026.bild.html (abgerufen am 11. November 2020).

94 Sonja Álvarez: Eine Bankrotterklärung für den Bildungsstandort Deutschland, in: Die Welt vom 4. Januar 2021, https://www.welt.de/debatte/kommentare/article223731686/Schulen-in-der-Pandemie-Eine-Bankrotterklaerung-fuer-den-Bildungsstandort-Deutschland.html (abgerufen am 2. Februar 2021).

95 So etwa der einstige Amtschef von Ministerpräsident Edmund Stoiber in der Bayerischen Staatskanzlei Rudolf Hanisch: Silicon Valley Bayern, in: Politische Studien, 2019 (488), S. 56-63.

96 So etwa der damalige CSU-Generalsekretär Andreas Scheuer 2014 auf dem Politischen Aschermittwoch in Passau.

97 Digitalisierungsministerium Bayern: „Wir sind Trüffelschwein für Technologien", in: n-tv.de vom 7. Oktober 2019, https://www.n-tv.de/wirtschaft/Wir-sind-Trueffelschwein-fuer-Technologien-article21316519.html (abgerufen am 15. September 2020).

98 Vgl. Pressemitteilung vom 29. Oktober 2020: https://www.stmd.bayern.de/gerlach-zur-nominierung-des-deutschen-oscar-kandidaten-ein-ausgezeichneter-vertreter-des-deutschen-filmschaffens/ (abgerufen am 2. November 2020).

99 Vgl. Pressemitteilung vom 15. Mai 2020, https://www.stmd.bayern.de/mehr-frauenpower-in-digitalberufen-gerlach-startet-bewerbungs-phase-fuer-2-jahrgang-des-talentprogramms-bayfid/ (abgerufen am 3. November 2020).

100 E-Rechnung in Bayern, https://www.e-rechnung.bayern.de/app/#/ (abgerufen am 3. November 2020).

101 Mit wörtlichem Zitat Bayerischer Rundfunk: Analyse: Die Digitalministerin in der Corona-Krise, 9. Januar 2021, https://www.br.de/nachrichten/bayern/was-macht-eigentlich-die-digitalministerin,SLX9kRZ?fbclid=IwAR3Si31jGpOgyCiBeFLQ1lPmv9K-l9T34SLrfz__UdePrDgQwWqGc6KU9BU (abgerufen am 16. Februar 2021).

102 Vgl. Alexander Kain: Münchener Notizen, in: Passauer Neue Presse (PNP) vom 19. September 2020, S. 10.

103 Vgl. Victor Bekkers/Vincent Homburg: The Myths of E-Government. Looking Beyond the Assumptions of a New and Better Government, in: Information Society, 23 (2007) 5, S. 373-382.

104 Zitiert nach André Paul: Was können wir von Estland lernen, in: Bayerische Staatszeitung vom 7. April 2021, S. 7.

105 Vgl. Vorreiter in Sachen Digitalisierung, in: Amberger Zeitung, 12. März 2021, S. 14, https://www.onetz.de/oberpfalz/amberg/amberg-vorreiter-verwaltungs-digitalisierung-id3192432.html (abgerufen am 20. Juli 2021).

106 Vgl. Christian Wölbert: Weitere Flops beim e-Government befürchtet, in: heise online vom 7. November 2019, https://www.heise.de/ct/artikel/Weitere-Flops-beim-E-Government-befuerchtet-4564028.html (abgerufen am 2. November 2020).

107 Persönliches Gespräch mit Prof. Dr. Dr. Robert Krimmer am 31. Mai 2021 in Tallinn.

108 Kersti Kaljulaid: Rede an der Columbia Universität, 2. November 2018, https://

www.president.ee/en/official-duties/speeches/14790-president-kaljulaid-at-columbia-university/index.html (abgerufen am 3. April 2021).

109 Kersti Kaljulaid: „Vertrauliches per SMS", Interview in der Süddeutschen Zeitung vom 7. Juni 2019, https://www.sueddeutsche.de/politik/estland-digitalisierung-deutschland-un-sicherheitsrat-1.4477452 (abgerufen am 4. April 2021).

110 Vgl. Paloma Krõõt Tupay/Monika Mikiver: Der estnische E-Staat – Zukunftswei-sendes Vorbild oder befremdlicher Einzelgänger?, in: Osteuropa-Recht, (2015) 1, S. 2-33, hier S. 31 f.

111 Ebd., S. 7 f.

112 Enterprise Estonia: e-Estonia guide, Tallinn 2018, https://e-estonia.com/wp-con-tent/uploads/eestonia-guide-2018.pdf (abgerufen am 2. April 2021).

113 Eigene Beobachtung des Autors sowie Alexander Welscher/Elisabeth Bauer: Länderbericht Estland, Konrad-Adenauer-Stiftung, August 2016, https://www.kas.de/documents/252038/253252/7_dokument_dok_pdf_46243_1.pdf/5f03df11-81f0-b19b-74c9-0a2e5fbac516?version=1.0&t=1539650338763 (abgerufen am 20. Mai 2021).

114 Das belegen Start-ups wie Transferwise (mittlerweile Wise), Bolt und Veriff. Die estnische Firma Nortal entdeckt gerade mit IT-Lösungen den deutschen Markt, etwa im Gesundheitsbereich. Im Bereich der Start-ups, hochgerechnet auf die Einwohnerzahl, nimmt das Land eine führende Stellung ein.

115 Vgl. als besonders prägnantes Beispiel und statt vieler Nathan Heller: Estonia, the digital Republic, in: The New Yorker, 11. Dezember 2017, https://www.newyorker.com/magazine/2017/12/18/estonia-the-digital-republic (abgerufen am 20. November 2020).

116 Vgl. Paloma Krõõt Tupay: Estonia, the Digital Nation: Reflections on a Digital Citizen's Rights in the European Union, in: European Data Protection Law Re-view, 6 (2020) 2, S. 294-300, hier S. 295.

117 Vgl. Tarmo Kalvet: Innovation as factor explaining E-Government success in Es-tonia, in: Electronic Government, 9 (2012) 2, S. 142-157.

118 Gespräch mit Florian Hartleb am 6. März 2021 im Rahmen einer gemeinsamen Konferenz für den öffentlichen Sektor.

119 Vgl. die historische Analyse von Benjamin Peters: How Not To Network A Nation. The Uneasy History of the Soviet Internet, London 2017.

120 Nortal & Boston Consulting (2020). Zehn Jahre elektronischer Personalausweis: Wie Deutschland ein erfolgreiches eID-Ökosystem aufbauen kann, S. 11, http://nortal.com/wp-content/uploads/2020/11/Report-eAuthentifizierung-und-eSi-gnatur_vff_20201105.pdf (abgerufen am 2. April 2021).

121 Siehe Nathan Heller: Estonia, the digital Republic, in: The New Yorker, 11. Dezem-ber 2017, https://www.newyorker.com/magazine/2017/12/18/estonia-the-digital-republic (abgerufen am 20. November 2020).

122 Vgl. Wolfgang Drechsler: Software – das Ende des Staates?, in: RFTE – Council for Research and Technology Development. Re:thinking Europe: Positions on shaping an idea, Wien 2018, S. 289-305.

123 Gespräch mit Florian Hartleb am 6. März im Rahmen einer gemeinsamen Konfe-renz für den öffentlichen Sektor.

124 Vgl. Aivar Pau: Vulnerability discovered in spring kept quiet, in: Postimees, 7. Dezember 2017, https://news.postimees.ee/4337279/vulnerability-discovered-in-spring-kept-quiet (abgerufen am 13. Mai 2012); ERR news: Potential security risk could affect 750,000 Estonian ID cards, 5. September 2017, https://news.err.

ee/616732/potential-security-risk-could-affect-750-000-estonian-id-cards (abgerufen am 12. Mai 2021).

125 Vgl. Paloma Krõõt Tupay: Estonia, the Digital Nation – Reflections of a Digital Citizen's Rights in the European Union, in: European Data Protection Law Review, 6 (2020) 1, S. 294-300.

126 Margus Simson: Präsentation E-Estonia, Tallinn 2018 (Abdruck mit Genehmigung des Autors).

127 Die Legende hält sich in journalistischen Beiträgen bis heute.

128 Gespräch mit Florian Hartleb am 6. März 2021 im Rahmen einer gemeinsamen Konferenz für den öffentlichen Sektor.

129 Vgl. Thomas Vitzthum: Deutschlands Schüler stehen besser da – weil andere schlechter werden, in: Die Welt.de vom 3. Dezember 2019, https://www.welt.de/politik/deutschland/article203997800/Pisa-Deutschlands-Schueler-stehen-besser-da-weil-andere-schlechter-werden.html (abgerufen am 2. Juni 2021)

130 Interview mit dem Autor am 2. September 2020.

131 Deutsche Welle: Coronavirus sends classes home. Estonia's ready, Germany lags behind, in: Deutsche Welle vom 19. März 2020, https://www.dw.com/en/coronavirus-sends-class-home-estonias-ready-germany-lags/a-52830864 (abgerufen am 2. April 2021).

132 Vgl. Pille Runnel: The Estonian Tiger Leap from Communism to the Information Society. From Policy to Practice, in: Journal of Baltic Studies, 40 (2009) 1, S. 29-51.

133 Noted entrepreneurs set up education innovation fund, in: ERR.ee vom 5. 12, 2018, https://news.err.ee/882398/noted-entrepreneurs-set-up-education-innovation-fund

134 Gespräch von Florian Hartleb mit Jaak Aaviksoo am 5. November 2020.

135 Ebd.

136 Friedrich Merz: Twitter-Eintrag, 14. August 2020, https://twitter.com/_friedrichmerz/status/1294200281736126466?lang=en (abgerufen am 2. April 2021).

137 Vgl. Rainer Kattel/Ines Mergel: Estonia's digital transformation. Working Paper, 2018, S. 5, https://www.ucl.ac.uk/bartlett/public-purpose/sites/public-purpose/files/iipp-wp-2018-09_estonias_digital_transformation.pdf (abgerufen am 2. April 2021).

138 Vgl. Bertelsmann-Stiftung 2017.

139 Gespräch von Jaak Aaviksoo mit Florian Hartleb am 6. März 2021 im Rahmen einer gemeinsamen Konferenz für den öffentlichen Sektor.

140 Vgl. Tarmo Kalvet The Estonian Information Society Developments Since the1990s, Tallinn 2007, S. 17, http://praxis.ee/wp-content/uploads/2014/03/2007-Estonian-information-society-developments.pdf (abgerufen am 20. Mai 2021).

141 Vgl. Paloma Krõõt Tupay: Estonia, the Digital Nation: Reflections on a Digital Citizen's Rights in the European Union, in: European Data Protection Law Review, 6 (2020) 2, S. 294-300, hier S. 295

142 Tarmo Kalvet The Estonian Information Society Developments Since the1990s, Tallinn 2007, http://praxis.ee/wp-content/uploads/2014/03/2007-Estonian-information-society-developments.pdf (abgerufen am 20. Mai 2021).

143 Vgl. den Text in der Verfassung im Wortlaut auf deutsch http://www.verfassungen.eu/ee/ (abgerufen am 10. Mai 2021)

144 Pea kõik tuludeklaratsioonid on seni esitatud elektrooniliselt, in: ERR.ee vom 28. April 2021, https://www.err.ee/1608193372/pea-koik-tuludeklaratsioonid-on-seni-esitatud-elektrooniliselt (abgerufen am 2. Juni 2021).

145 Tuludeklaratsiooni on esitanud kolmandik kohuslastest, in: ERR.ee vom 16. Febru-

ar 2021, https://www.err.ee/1608111514/tuludeklaratsiooni-on-esitanud-kolman-dik-kohuslastest (abgerufen am 2. Juni 2021).

146 Zitiert nach Rainer Kattel/Ines Mergel: Estonia's digital transformation. Working Paper, 2018, S. 5. Die Rolle von Mart Laar bestätigt auch der frühere Bildungs- und Verteidigungsminister Jaak Aaviksoo am 6. März 2021 bei einer gemein- samen Konferenz mit Florian Hartleb.

147 Vgl. Nidhi Gupta et al.: Socio-psychological determinants of public acceptance in technologies: A review, in: Public Understanding of Science, 21 (2011) 7, S. 782-795.

148 Auf Grundlage von Marc Ernsdorff/Adriana Berbec: Estonia: The short road to e-government and e-democracy, in Paul G. Nixon, Vassiliki N. Koutrakou (Hg.): E-Government in Europe. Re-Booting the State, London 2007, S. 171-183, hier S. 171.

149 Der Autor war bei der Verleihung anwesend.

150 Toomas Hendrik Ilves: Sprechzettel Dankesrede zur Verleihung des Reinhard Mohn Preises, Gütersloh, 29. Juni 2017, https://www.bertelsmann-stiftung. de/fileadmin/files/Projekte/72_Reinhard_Mohn_Preis/Rede_Reinhard-Mohn-Preis-2017_Dankesrede-Toomas-Hendrik-Ilves-deutsch_20170629.pdf (abgerufen am 3. April 2021).

151 Enterprise Estonia: E-Estonia toolkit, https://e-estonia.com/e-estonia-toolkit/, 2020 (abgerufen am 25. März 2021).

152 E-residency Program: Total Number Mai 2021, Total numbers https://e-resident. gov.ee/dashboard/ (abgerufen am 10. Juni 2021).

153 Vgl. Taavi Kotka et al: Estonian e-residency: Redefining the National State in the Digital Era. University Oxford, Working Paper, September 2015, https://www.po-litics.ox.ac.uk/materials/centres/cyber-studies/Working_Paper_No.3_Kotka_Var-gas_Korjus.pdf (abgerufen am 2. Juni 2021).

154 Vgl. Indrek Kald: Arengufondi ideekonkursil kolm võitjat, in: Aripäev vom 12. Juni 2014, https://www.aripaev.ee/uudised/2014/06/12/arengufondi-ideekonkursil-kolm-voitjat (abgerufen am 2. Juni 2021).

155 So ein Statement von Viljar Lubi: Here's why money launderers are disappointed with e-Residency, 1. Februar 2019, https://medium.com/e-residency-blog/heres-why-money-launderers-are-disappointed-with-e-residency-40de3a5fe18f (ab-gerufen am 2. Juni 2021).

156 Kaspar Korjus: Estonia could offer ‚estcoins' to e-residents, August 2017, https:// medium.com/@kaspar.korjus/estonia-could-offer-estcoins-to-e-residents-a3a5a5d3c894 (abgerufen am 2. Juni 2021).

157 Vgl. Europäische Zentralbank: Ein digitaler Euro, Frankfurt a. M. 2021, https:// www.ecb.europa.eu/paym/digital_euro/html/index.de.html (abgerufen am 1. Au-gust 2021).

158 https://www.x-tee.ee/home (abgerufen am 25. März 2021).

159 https://www.ria.ee/en/x-road.html (abgerufen am 20. Mai 2021).

160 https://www.ria.ee/en/administration-system-of-the-state-information-system. html (abgerufen am 20. Mai 2021).

161 Estonia's data exchange lets you pay your taxes in five minutes, in: Apolitical.co vom 10. August 2017 https://apolitical.co/en/solution_article/data-exchange-plat-form-making-estonia-leader-digital-governance#:~:text=The%20Story,need%20 it%20without%20human%20involvement (abgerufen am 20. Mai 2021).

162 Vgl. OECD: Case Study 8: Estonia E-Government, 2019: https://www.oecd-ilibra-

ry.org/sites/510a82b5-en/index.html?itemId=/content/component/510a82b5-en (abgerufen am 2. April 2021).

163 https://www.ria.ee/en/public-key-infrastructure.html (abgerufen am 20. Mai 2021).

164 Petteri Kivimäki: There is no blockchain technology in X-Road, Blogbeitrag vom 26. April 2018, https://www.niis.org/blog/2018/4/26/there-is-no-blockchain-technology-in-the-x-road (abgerufen am 2. April 2021).

165 Zitiert nach Tobias J. Koch: Why there is no digital transformation without interoperability, Blogbeitrag, Cybernetica, Tallinn, April 2021, https://e-estonia.com/why-theres-no-digital-transformation-without-interoperability/ (abgerufen am 4. Mai 2021). Übersetzung des Autors.

166 Vgl. Statista: Internationale Länderdaten Estland, Stand April 2021, https://de.statista.com/statistik/daten/studie/1029443/umfrage/top-20-staatsangehoerigkeiten-von-auslaendern-in-estland/ (abgerufen am 2. Juli 2021).

167 Vgl. Helen Bielawa: X-Road: Das digitale Rückgrat Estlands. Blogbeitrag Digital Pioneers, 14. Februar 2021, https://t3n-de.cdn.ampproject.org/c/s/t3n.de/news/x-road-estland-digitale-rueckgrat-1355389/amp/?fbclid=IwAR3SNPdO4JpWH6vvtDxB-o8MMWV4duk9o3BVPhY_L8RgNf7y6ytwkqNxKAk (abgerufen am 2. April 2021).

168 Vgl. Ministererklärung zum e-Government („Malmöerklärung"), angenommen in Malmö, 18. November 2009, S. 3, http://www.cio.bund.de/SharedDocs/Publikationen/DE/Strategische-Themen/ministererklaeung_malmoe_deutsch.pdf?__blob=publicationFile (abgerufen am 2. Mai 2021).

169 Information System Authority: Data Exchanger Layer X-tee., Tallinn 2020, https://www.ria.ee/en/state-information-system/x-tee.html (abgerufen am 13. März 2021).

170 Vgl. Tarmo Kalvet: The Estonian Information Society Developments Since the1990s, Tallinn 2007, S. 24, http://praxis.ee/wp-content/uploads/2014/03/2007-Estonian-information-society-developments.pdf (abgerufen am 22. Mai 2021).

171 Der Autor führte vom 1. März bis 30. April 2016 im Auftrag der Bertelsmann Stiftung eine Erhebung durch (n = 143, nur wenige Nichtantworten bei einzelnen Fragen). Vgl. ders.: Die Mär von der Zweiklassengesellschaft durch Digitalisierung. Empirische Befunde aus dem IT-Land Estland, in: Verwaltung & Management. Zeitschrift für moderne Verwaltung, 24 (2018) 2, S. 100-106.

172 Vgl. Marc Prensky: Digital Natives, Digital Immigrants, in: On the Horizon, 9 (2001) 5, http://www.marcprensky.com/writing/Prensky%20-%20Digital%20Natives,%20Digital%20Immigrants%20-%20Part1.pdf (abgerufen am 2. Mai 2021).

173 Vgl. Christina M. Blaschke et al: Ageing and technology: a review of the research literature, in: British Journal of Social Work, 39 (2009) 4, S. 641-656.

174 Siehe Anm. 171.

175 Vgl. Aleksei Gunter: Digital divide widens in e-stonia, in: The Baltic Times, 3. Oktober 2002, http://www.baltictimes.com/news/articles/7017/ (abgerufen am 2. Februar 2021).

176 Vgl. Allensbach-Institut: Die Zukunft der digitalen Gesellschaft, im Auftrag des Bundesministerium für Bildung und Forschung, veröffentlichte Studien, Berlin 2014, http://www.digital-ist.de/fileadmin/content/Die-Themen/Umfrage/Ergebnisse_Umfrage_komplett.pdf (abgerufen am 2. Mai 2021).

177 Vgl. Paloma Krööt Tupay/Monika Mikiver: Der estnische E-Staat – Zukunftsweisendes Vorbild oder befremdlicher Einzelgänger?, in: Osteuropa-Recht, (2015) 1, S. 2-33, hier S. 8 f.

178 VERORDNUNG (EU) 2016/679 DES EUROPÄISCHEN PARLAMENTS UND DES

RATES vom 27. April 2016 zum Schutz natürlicher Personen bei der Verarbeitung personenbezogener Daten, zum freien Datenverkehr und zur Aufhebung der Richtlinie 95/46/EG (Datenschutz-Grundverordnung), https://eur-lex.europa.eu/legal-content/DE/TXT/PDF/?uri=CELEX:32016R0679&from=DE (abgerufen am 12. Mai 2021).

179 Vgl. Rain Ottis: Analysis of the 2007 Cyber Attacks Against Estonia from the Information Warfare Perspective, Cooperative Cyber Defence Centre of Excellence, Tallinn 2008, https://ccdcoe.org/uploads/2018/10/Ottis2008_AnalysisOf2007FromTheInformationWarfarePerspective.pdf (abgerufen am 23. Mai 2021).

180 Estlands Vorreiterrolle im der Cybersicherheit, in: Deutschlandfunk vom 18. August 2014, https://www.deutschlandfunk.de/internet-estlands-vorreiterrolle-in-der-cyber-sicherheit.795.de.html?dram:article_id=294863 (abgerufen am 2. April 2021).

181 Zitiert sinngemäß nach Jüri Reinvere: Das Risiko für Estland ist essentiell, in: Frankfurter Allgemeine Zeitung vom 8. September 2017, https://www.faz.net/aktuell/feuilleton/debatten/estlands-praesidentin-glaubt-an-den-digitalen-staat-15188049.html (abgerufen am 22. Mai 2021).

182 Vgl. Judith Schallenberg-Kappius: „Cyberangriffe könnten das Land ins Chaos stürzen", in: Business Insider vom 8. Juni 2021, https://www.businessinsider.de/karriere/cyberkriminalitaet-experten-fuer-it-sicherheit-haenderingend-gesucht/ (abgerufen am 11. Juni 2021).

183 Vgl. Robert Krimmer: The Evolution of E-Voting. Why Voting technology is Used and How it Affects Democracy, Dissertation, Tallinn 2012, hier S. 13.

184 Ebd., S. 53.

185 Vgl. Priit Vinkel/Robert Krimmer: The How and Why to Internet Voting an Attempt to Explain E-Stonia, in: Robert Krimmer et al. (Hg.): Electronic Voting, Cham et al 2016, S. 178-191, hier S. 181.

186 Vgl. Frank Bätge/Thomas Weiler: Elektronische Wahlen und Abstimmungen, in: Tanja Klenk u. a. (Hg.): Handbuch Digitalisierung in Staat und Verwaltung, Wiesbaden 2020, S. 291-300, hier S. 296 f.

187 Vgl. Mihkel Solvak/Kristjan Vassil: E-voting in Estonia: Technological Diffusion and Other Developments Over Ten Years, Universität Tartu 2016, S. 75 und 78, https://skytte.ut.ee/sites/default/files/skytte/e_voting_in_estonia_vassil_solvak_a5_web.pdf (abgerufen am 2. April 2021).

188 Vgl. Marc Ernsdorff/Adriana Berbec: Estonia: The short road to e-government and e-democracy, in Paul G. Nixon, Vassiliki N. Koutrakou (Hg.): E-Government in Europe. Re-Booting the State, London 2007, S. 171-183, hier S. 178.

189 So Priit Vinkel/Robert Krimmer: The How and Why to Internet Voting an Attempt to Explain E-Stonia, in: Robert Krimmer et al. (Hg.): Electronic Voting, Cham et al 2016, S. 178-191, hier S. 187.

190 Vgl. Otto Schily: Frühestens 2010 Bundestagswahl, heise.de vom 20. Mai 2001, https://www.heise.de/newsticker/meldung/Schily-Fruehestens-2010-Online-Bundestagswahl-43667.html (abgerufen am 2. Mai 2021).

191 Vgl. Priit Vinkel/Robert Krimmer: The How and Why to Internet Voting an Attempt to Explain E-Stonia, in: Robert Krimmer et al. (Hg.): Electronic Voting, Cham et al 2016, S. 178-191, hier S. 186-188.

192 BVerfG, Urteil vom 3. März 2009, 2 BvC 3/07 und 2 BvC 4/07.

193 Vgl. Markus Reiners: Rahmenbedingungen eines e-Voting in Deutschland, Österrreich und der Schweiz, in: Regierungsforschung.de vom 15. Mai 2018, https://

regierungsforschung.de/rahmenbedingungen-eines-E-Voting-in-deutschland-
der-schweiz-und-oesterreich/#footnote_1_4788 (abgerufen am 22. Mai 2021).

194 New IT minister: No reason found yet to stop holding e-elections, in: ERR news
vom 8. November 2011, https://news.err.ee/1001092/new-it-minister-no-reason-
found-yet-to-stop-holding-e-elections (abgerufen am 21. Mai 2021).

195 Enise Lauterbach: „Deutschland steckt noch in der Steinzeit", in Spiegel online
vom 4. April 2021 (Interview), https://www.spiegel.de/wissenschaft/medizin/
corona-krise-aerztin-enise-lauterbach-sagt-deutschland-steckt-noch-in-der-
steinzeit-a-e5d7afe9-86a4-4c0c-9a05-ed0def790b93 (abgerufen am 4. April
2021).

196 Dietrich Creutzburg: Der Staat will jetzt digital werden, Frankfurter Allgemeine
Zeitung vom 11. Januar 2021, S. 17.

197 Vgl. Weltgesundheitsorganisation Europa: E-Gesundheit in der Praxis, 10. März
2016, https://www.euro.who.int/de/countries/estonia/news/news/016/03/e-
health-in-practice (abgerufen am 20. Mai 2021).

198 Europäische Kommission, Gestaltung der Digitalen Zukunft Europas, Brüssel, 19.
Februar 2020, S. 13, https://ec.europa.eu/info/sites/default/files/communication-
shaping-europes-digital-future-feb2020_de_0.pdf (abgerufen am 20. Mai 2021).

199 Enterprise Estonia: E-Estonia toolkit, https://e-estonia.com/e-estonia-toolkit/
(abgerufen am 2. Juni 2021).

200 Bertelsmann Stiftung: Smart Health Systems. Digitalisierungsstrategien im internationalen Vergleich, Auszug Estland, Gütersloh 2018, S. 97, www.bertelsmann-
stiftung.de/fileadmin/files/Projekte/Der_digitale_Patient/VV_SHS-Studie_Est-
land.pdf (abgerufen am 2. April 2021).

201 Vgl. Weltgesundheitsorganisation (WHO): Europa: E-Gesundheit in der Praxis, 10. März 2016, https://www.euro.who.int/de/countries/estonia/news/
news/016/03/e-health-in-practice (abgerufen am 2. April 2021).

202 Bertelsmann Stiftung: Smart Health Systems. Digitalisierungsstrategien im internationalen Vergleich, Auszug Estland, Gütersloh 2018, S. 103, www.bertelsmann-
stiftung.de/fileadmin/files/Projekte/Der_digitale_Patient/VV_SHS-Studie_Est-
land.pdf (abgerufen am 2. April 2021).

203 Vgl. Janek Metsallik/Peeter Ross/Dirk Draheim/Gunnar Piho: Ten Years of the e-
Health System in Estonia, Tallinn 2018, Paper for MMHS: Proceedings of the 3rd International Workshop on (Meta)Modelling for Healthcare Systems Bergen, Norway,
June 13th, 2018, 9 Seiten, hier S. 6, http://ceur-ws.org/Vol-2336/MMHS2018_invited.
pdf (abgerufen am 10. Juni 2021).

204 Vgl. Artur Novek: Estonian Health Information System Overview, Presentation,
Tallinn 2019, https://www.slideshare.net/igorbossenko/overview-of-estonian-
health-information-system (abgerufen am 10. Juni 2021).

205 Weltgesundheitsorganisation: Europa, Estland und die WHO wollen im Bereich
digitale Gesundheit und Innovation zusammenarbeiten, 7. Oktober 2020, https://
www.euro.who.int/de/countries/estonia/news/news/2020/10/estonia-and-who-
to-work-together-on-digital-health-and-innovation (abgerufen am 7. Februar
2021).

206 Vgl. das Interview mit Kalle Killar aus dem Sozialministerium, in: Delfi.ee vom 20.
Mai 2021, https://forte.delfi.ee/artikkel/93489135/intervjuu-vastutav-asekantsler-
kalle-killar-mis-juhtus-vaktsineerimisele-paasemisega (abgerufen am 7. Juni
2021).

207 Persönliches Gespräch mit Priit Alamäe, Gründer und CEO von Nortal, am 14. Juni
2021.

208 Moritz E. Behm/Tanja Klenk: Digitalisierung im Gesundheitssektor, in: Tanja Klenk u.a. (Hg.): Handbuch Digitalisierung in Staat und Verwaltung, Wiesbaden 2020, S. 495-506, hier S. 495.

209 Bund der Steuerzahler: Das Schwarzbuch – die öffentliche Verschwendung 2017/2018, Berlin 2017, S. 13.

210 Bundesrechnungshof: Bericht über die Einführung der elektronischen Gesundheitskarte und der Telematikinfrastruktur, 2019, S. 4, https://www.bundesrechnungshof.de/de/veroeffentlichungen/produkte/beratungsberichte/langfassungen/langfassungen-2019/2019-bericht-einfuehrung-der-elektronischen-gesundheitskarte-und-der-telematikinfrastruktur-pdf (abgerufen am 2. April 2021).

211 Vgl. ebd.

212 Elektronische Gesundheitskarte offenbar vor dem Aus, in: Süddeutsche Zeitung vom 6. August 2017, https://www.sueddeutsche.de/wirtschaft/e-card-elektronische-gesundheitskarte-offenbar-vor-dem-aus-1.3617842 (abgerufen am 10. Juni 2021).

213 Sonja Álvarez: Fax statt Videochat. So groß ist das Digitalisierungsdefizit der Gesundheitsämter, in: WirtschaftsWoche vom 11. November 2020, https://www.wiwo.de/politik/deutschland/coronakrise-fax-statt-videochat-so-gross-ist-das-digitalisierungs-defizit-der-gesundheitsaemter/26612382.html (abgerufen am 20. Mai 2021).

214 Vgl. Michal Brinkmeier: Vom Integrator der Versorgung zum Steuermann des Systems. Wie man mit Schlaganfall-Lotsen Innovationen triggert, in: Ursula Hahn/Clarissa Kurscheid (Hg.): Intersektorale Versorgung, Wiesbaden 2020, S. 233-250.

215 Roberto Stefan Foa/Yascha Mounk: The Democratic Disconnect, in: Journal of Democracy, 27 (2016) 3, S. 5-17.

216 Vgl. David Runciman: So endet die Demokratie, Frankfurt a.M. 2020.

217 Viktor Orbán,: Rede, Tusnádfürdő 2014, Wortlaut, http://budapestbeacon.com/public-policy/full-text-of-viktor-orbans-speech-at-baile-tusnad-tusnadfurdo-of-26-july-2014/10592 (abgerufen am 22. Mai 2021).

218 Yojana Sharma: Row over plan for huge Fudan University campus in Budapest, University World News, 29. April 2021, https://www.universityworldnews.com/post.php?story=20210429085607627 (abgerufen am 2. Juni 2021).

219 Vgl. Kai Biermann u.a.: Der Kontrollverlust, in: Die Zeit vom 22. Juli 2021, S. 15-17.

220 Vgl. Freedom House: The Pandemic's Digital Shadow, Oktober 2020, Washington D.C., https://freedomhouse.org/report/freedom-net/2020/pandemics-digital-shadow (abgerufen am 30. Mai 2021).

221 Robin Wright, Finding Connection and Resilience During the Coronavirus Pandemic, in: The New Yorker, 20. März 2021, https://www.newyorker.com/news/our-columnists/coping-camaraderie-and-human-evolution-amid-the-coronavirus-crisis (abgerufen am 20. Mai 2021).

222 Ivan Krastev: Ist heute schon morgen? Wie die Pandemie Europa verändert, Berlin 2020, S. 77.

223 Zitiert nach Marc Champion: A virus to kill populism, or make it stronger?, in: The Japan Times, Opinion, 31. März 2020, https://www.japantimes.co.jp/opinion/2020/03/31/commentary/world-commentary/virus-kill-populism-make-stronger/#.Xoocx5MzZE4 (abgerufen am 30. Mai 2021).

224 Vgl. Dimitar Lilkov: Covid-19 and Technology in the EU: Think Bigger than Apps. In Brief, Wilfried Martens Centre for European Studies, Brüssel, Mai 2020, S. 1, https://www.martenscentre.eu/publication/covid-19-and-technology-in-the-eu-

think-bigger-than-apps/ (abgerufen am 30. Mai 2021). Das Wilfried Martens-Centre ist der offizielle Thinktank der Europäischen Volkspartei, mit ihn tragenden Mitgliedern wie der Konrad-Adenauer-Stiftung.

225 Vgl. Michel Foucault: Überwachen und Strafen. Die Geburt des Gefängnisses, Frankfurt a. M. 1994 (1. Auflage 1975), S. 253.

226 Vgl. Philipp Ther: Wettbewerb der Systeme. Die Corona-Pandemie als Herausforderung für Demokratie und europäische Integration, in: Aus Politik und Zeitgeschichte, 25-27/2020, S. 40-45, hier S. 40.

227 „Das Tschernobyl des 21. Jahrhunderts", Tagesspiegel vom 13. Mai 2021, https://www.tagesspiegel.de/politik/das-tschernobyl-des-21-jahrhunderts-experten-sind-ueberzeugt-corona-pandemie-haette-verhindert-werden-koennen/27184768.html (abgerufen am 30. Mai 2021).

228 Titel des Spiegels in der Ausgabe 2007, Nr. 3, online https://www.spiegel.de/politik/die-rotchina-ag-a-de91bd5e-0002-0001-0000-000050186302?context=issue (abgerufen am 20. Mai 2021).

229 Vgl. Rogier Creemers: Cyber China: Upgrading Propaganda, Public Opinion Work and Social Management for the Twenty-First Century, in: Suisheng Zhao (Hg.): Chinese Authoritarianism in the Information Age. Internet, Media, and Public Opinion, London/New York 2018, S. 15-30.

230 Zitiert nach Kai Strittmaier: Die Neuerfindung der Diktatur. Wie China den digitalen Überwachungsstaat aufbaut und uns damit herausfordert, München 2018, S. 170.

231 The New York Times on the Web: Full Text of Clinton's Speech on China Trade Bill, 9. März 2000, https://archive.nytimes.com/www.nytimes.com/library/world/asia/030900clinton-china-text.html (abgerufen am 20. Mai 2021).

232 Die historische Seidenstraße war ein Netzwerk von Karawanenstraßen zwischen China und Europa in der Antike und im Mittelalter.

233 United Nations. Department of Economic and Social Affairs, United Nations E-Government Survey 2020, New York, hier Vorwort, Seite V, https://publicadministration.un.org/egovkb/Portals/egovkb/Documents/un/2020-Survey/2020%20UN%20E-Government%20Survey%20(Full%20Report).pdf (abgerufen am 20. Mai 2021). Übersetzung des Autors.

234 Vgl. Christoph Giesen: Dem Algorithmus unterworfen, in: Süddeutsche Zeitung vom 25. März 2020.

235 Totale Überwachung, Zwangstests, harte Hand: Wie China das Coronavirus besiegt haben will, in: Frankfurter Rundschau vom 24. Oktober 2020, https://www.fr.de/politik/china-corona-coronavirus-pandemie-wuhan-verbannt-das-virus-ins-museum-90078996.html (abgerufen am 20. Mai 2021).

236 Wie gefährlich ist TikTok? Erste Länder sperren chinesische Hype-App, in: Focus.de vom 2. Juli 2020, https://www.focus.de/finanzen/boerse/neue-video-plattform-wie-gefaehrlich-ist-tiktok-erste-laender-sperren-chinesische-hype-app_id_12166540.html (abgerufen am 2. Juni 2021).

237 TikTok sammelt biometrische Daten seiner Nutzer,in: t-online.de vom 4. Juni 2021,
https://www.t-online.de/digital/internet/id_90155836/gesichts-und-stimmprofile-tiktok-sammelt-biometrische-daten-seiner-nutzer.html (abgerufen am 4. Juni 2021).

238 UEFA.com: TikTok becomes official UEFA-Euro Sponsor, Pressemitteilung vom 11. Februar 2020: https://www.uefa.com/insideuefa/news/0266-118d1c6ac1b5-4ffce41d08de-1000--tiktok-becomes-euro-sponsor/ (abgerufen am 12. Juni 2021).

239 Vgl. Arno Kleinebeckel: Orwell lässt grüßen, Heise.de vom 5. März 2019, https://www.heise.de/tp/features/Orwell-laesst-gruessen-China-vor-dem-Nationalen-Volkskongress-4326212.html?view=print (abgerufen am 4. Mai 2021).

240 Vgl. Frank Sieren: Shenzhen. Zukunft made in China, München 2021, S. 9-15.

241 Vgl. Florian Schneider: China's Digital Nationalism, New York 2018.

242 Vgl. Kristin Shi-Kupfer/Mareike Ohlberg: China's Digital Rise. A Challenge for Europe, Mercator Insitute for Chinese Studies, Berlin 2019, https://merics.org/sites/default/files/2020-06/MPOC_No.7_ChinasDigitalRise_web_final_2.pdf (abgerufen am 3. Juni 2021).

243 Jürgen Berke: „Deutschland wir erpressbar", in: WirtschaftsWoche, 10. Dezember 2020, https://www.wiwo.de/unternehmen/it/huawei-deutschland-wird-erpressbar/26701986.html?utm_medium=social&social=facebook&Echobox=1607608882&fbclid=IwAR1S05YC-EhO2YagxxzpZjWM-T9MQ_BLkgLBPsw1GZlXNA0CxkS8xFo0ZXY#utm_medium=Social&utm_source=Facebook (abgerufen am 2. Juni 2021).

244 Vgl. Torsten Krauel: Huawei als CDU-Sponsor – ein fatales Signal, in: Die Welt vom 25. Januar 201, https://www.welt.de/debatte/kommentare/article225033001/Huawei-tritt-als-Sponsor-beim-CDU-Landesparteitag-auf.html (abgerufen am 4. Juni 2021).

245 Huawei plans to challenge Estonia 5G ban, in: ERR.ee vom 6. Oktober 2020, https://news.err.ee/1143507/huawei-plans-to-challenge-estonia-5g-ban (abgerufen am 2. Juni 2021).

246 Isabel Skierka: 5G and beyond: A test for "technological sovereignty" in Europe?, in: The Convergence Puzzle: Australia, Germany and Emerging Cybersecurity Trends (37–44). Konrad Adenauer Foundation, Berlin 2020, S. 37-44.

247 Vgl. Kadri Kaska et al.: Huawei, 5 G and China as a Security Threat, Tallinn 2019, NATO Cyber Security Centre of Excellence: https://ccdcoe.org/uploads/2019/03/CCDCOE-Huawei-2019-03-28-FINAL.pdf (abgerufen am 2. Juni 2021).

248 Deutsche Stiftungen unter Pekings Leitung?, in: Tagesschau.de vom 11. Mai 2021, https://www.tagesschau.de/ausland/asien/china-deutsche-stiftungen-101.html (abgerufen am 4. Juni 2021).

249 Vgl. Axel Dorloff: Chinas Sozialkredit-System. Auf dem Weg in die IT-Diktatur; in: Deutschlandfunk Kultur (Hg.): Weltzeit; 5. September 2017, http://www.deutschlandfunkkultur.de/chinas-sozialkredit-system-auf-dem-weg-indie-it-diktatur.979.de.html?dram%3Aarticle_id=395126 (abgerufen am 4. Juni 2021).

250 Vgl. Kelley Beaucar Vlahos: George Orwell's Dystopian Nightmare in China, in: The American Conservative, 24. Juni 2019, https://www.theamericanconservative.com/articles/george-orwells-dystopian-nightmare-in-china-1984/ (abgerufen am 4. Juni 2021).

251 Ebd.

252 Rogier Creemers: China's Social Credit System: An Evolving Practice of Control, Mai 2018, Leiden, S. 8, https://papers.ssrn.com/sol3/papers.cfm?abstract_id=3175792 (abgerufen am 2. Juni 2021).

253 Vgl. Rogier Creemers: China's Social Credit System: An Evolving Practice of Control, Mai 2018, Leiden, https://papers.ssrn.com/sol3/papers.cfm?abstract_id=3175792 (abgerufen am 2. Juni 2021).

254 Wissenschaftlicher Dienst des Deutschen Bundestags, Big Data unter Berücksichtigung der Situation in der Volksrepublik China, Berlin, Dezember 2017, S. 7, https://www.bundestag.de/resource/blob/547648/3a790f327aa3f0d77e6d6a22dfa97c50/wd-10-068-17-pdf-data.pdf (abgerufen am 4. Juni 2021).

255 Vgl. Adam Knight: Credit: The god of China's big data era, European Council on

Foreign Relations, 30. Oktober 2018, https://ecfr.eu/article/commentary_credit_the_god_of_chinas_big_data_era/ (abgerufen am 2. Juni 2021).

256 Punktabzug für zu seltene Besuche bei den Eltern, in: Frankfurter Allgemeine Zeitung, FAZ.net vom 30. November 2018, https://www.faz.net/aktuell/wirtschaft/infografik-chinas-sozialkredit-system-15913709.html (abgerufen am 3. Mai 2021).

257 Vgl. Mareike Ohlberg: Digitaler Big Brother, in: Internationale Politik, 2019, 3-4, S. 60-67, hier S. 60-62.

258 Vgl. Felix Lee: Im Reich der überwachten Schritte, in: die tageszeitung vom 10. Februar 2018, https://taz.de/Social-Scoring-in-China/!5480926/ (abgerufen am 2. Juni 2021).

259 Vgl. He Huifeng: China's social credit system shows its teeth, banning millions from taking flights, trains, in: South China Morning Post, 18. Februar 2019, https://www.scmp.com/economy/china-economy/article/2186606/chinas-social-credit-system-shows-its-teeth-banning-millions (abgerufen am 10. Mai 2021).

260 Vgl. Peter Leibkuechler: Trust in the Digital Age – The Case of the Chinese Social Credit System, in: Denise Feldner (ed.): Redesigning Institutions: Consequences of and Concepts for the Digital Transformation, Heidelberg et al. 2020, S. 279-289, hier S. 281 f.

261 Vgl. Florian Rötzer: Was es heißt, auf die Blacklist des chinesischen Sozialkreditsystems zu kommen, in: Heise.de vom 21. Februar 2019, https://www.heise.de/tp/features/Was-es-heisst-auf-die-Blacklist-des-chinesischen-Sozialkreditsystems-zu-kommen-4315364.html (abgerufen am 1. Juni 2021).

262 Deutscher Bundestag: Antwort der Bundesregierung auf die Kleine Anfrage von Bündnis 90/Die Grünen, 31. Oktober 2019, Berlin, S. 3.

263 Mit diesem Tenor Peter Leibkuechler: Trust in the Digital Age – The Case of the Chinese Social Credit System, in: Denise Feldner (Hg.): Redesigning Institutions: Consequences of and Concepts for the Digital Transformation, Heidelberg et al. 2020, S. 279-289.

264 Katika Kühnreich: Soziale Kontrolle 4.0? Chinas Social Credit Systems, in: Blätter für deutsche und internationale Politik, Juli 2018, S. 63-70, https://www.blaetter.de/ausgabe/2018/juli/soziale-kontrolle-40-chinas-social-credit-systems (abgerufen am 1. Juni 2021).

265 Vgl. Philip Specht: Die 50 wichtigsten Themen der Digitalisierung, München 2018, S. 222 f.

266 So auch die Prognose der Enquete-Kommission des Deutschen Bundestages zum Thema „Künstliche Intelligenz – Gesellschaftliche Verantwortung und wirtschaftliche, soziale und ökologische Potenziale", Berlin Oktober 2020, S. 130, https://dserver.bundestag.de/btd/19/237/1923700.pdf (abgerufen am 20. Mai 2021)

267 Vgl. Christina M. Williams et al.: Artificial Intelligence and a Pandemic: an Analysis of the Potential Uses and Drawbacks, in: Journal of Medical Systems, 45 (2021) 3, https://www.ncbi.nlm.nih.gov/pmc/articles/PMC7811949/ (abgerufen am 15. Juni 2021).

268 Eberhard von Faber/Arndt Kohler: Die Lücke: Informationssicherheit in Systemen mit Künstlicher Intelligenz, in: Datenschutz und Datensicherheit, 43 (2019), S. 434-439.

269 Vgl. Felix Krauß: Künstliche Intelligenz und Menschenrechte, Nürnberger Menschenrechtszentrum, November 2018, https://menschenrechte.org/wp-content/uploads/2018/11/K%C3%BCnstliche-Intelligenz-und-Menschenrechte.pdf (abgerufen am 20. Juni 2021).

270 Zitiert nach Stephen Hawking warns artificial intelligence could end mankind, BBC news vom 2. Dezember 2014, https://www.bbc.com/news/technology-30290540 (abgerufen am 5. Juni 2021; Übersetzung des Autors).

271 Vgl. Jeff Larson et al: How We Analyzed the COMPAS Recidivism Algorithm, 23. Mai 2016, https://www.propublica.org/article/how-we-analyzed-the-compas-recidivism-algorithm (abgerufen am 2. Juni 2021).

272 Vgl. Susanne Beck et al.: AG IT-Sicherheit: Künstliche Intelligenz und Diskriminierung, Bundesministerium für Bildung und Forschung, Berlin 2019, S. 3.

273 Vgl. Felix Krauß: Künstliche Intelligenz und Menschenrechte, Nürnberger Menschenrechtszentrum, November 2018, S. 7, https://menschenrechte.org/wp-content/uploads/2018/11/K%C3%BCnstliche-Intelligenz-und-Menschenrechte.pdf (abgerufen am 20. Juni 2021).

274 Vgl. Thomas Ellwein/Joachim Jens Hesse: Der überforderte Staat, Baden-Baden 1994.

275 Bitkom: Pressemitteilung, Smart City: Fehlende Digitalisierung macht Städte unattraktiv, Berlin, 1. Juni 2021: https://www.bitkom.org/Presse/Presseinformation/Smart-City-Fehlende-Digitalisierung-macht-Staedte-unattraktiv (abgerufen am 2. Juni 2021). Die Studie beruht auf einer telefonischen Befragung von 1.004 Personen ab 16 Jahren in Deutschland im Auftrag des Digitalverbands Bitkom.

276 Vgl. Susanne Wächter: Megaflop im Massentest, in: Spiegel online vom 7. Mai 20211, https //www.spiegel.de/wirtschaft/soziales/elektronische-gesundheitskarte-mega-flop-im-massentest-a-755464.html (abgerufen am 2. Juni 2021).

277 Vgl. Manuel Misgeld: Vom Onlinezugangsgesetz zum One-Stop-Government?, in: Wolf J. Schünemann/Marianne Keuner (Hg.): E-Government und Netzpolitik im europäischen Vergleich, Baden-Baden 2019, S. 89-102, hier S. 95.

278 Vgl. Roland W. Scholz/Markus Kley/Peter Parycek: Digital infrastructure as a public good: A European Perspective, Kompetenzzentrum Öffentliche IT, Das Fraunhofer-Institut für Offene Kommunikationssysteme FOKUS, Berlin 2020, http://publica.fraunhofer.de/eprints/urn_nbn_de_0011-n-6350725.pdf (abgerufen am 20. Juni 2021).

279 Vgl. Die Bundesregierung: Breitbandausbau. Milliarden für schnelles Internet, Berlin 2015, https://www.bundesregierung.de/breg-de/aktuelles/milliarden-fuer-schnelles-internet-482386 (abgerufen am 20. Mai 2021).

280 Vgl. Koalitionsvertrag zwischen CDU, CSU und SPD, 19. Legislaturperiode, Zeile 1659 bis 1662; https://www.bundesregierung.de/resource/blob/975226/847984/5b8bc23590d4cb2892b31c987ad672b7/2018-03-14-koalitionsvertrag-data.pdf?download=1 (abgerufen am 2. Juli 2021).

281 Niedersächsischer Landesrechnungshof: Verwaltungsdigitalisierung in Niedersachsen: Rechnungshof sieht Erfolg gefährdet, Pressemitteilung vom 3. März 2021, https://www.lrh.niedersachsen.de/startseite/presse/pressemitteilungen/verwaltungsdigitalisierung-in-niedersachsen-rechnungshof-sieht-erfolg-gefahrdet-197831.html (abgerufen am 2. Juni 2021).

282 Niedersächsischer Landesrechnungshof: Verwaltungsdigitalisierung, Gutachten, Hildesheim, Januar 2021, S. 2-4.

283 Vgl. Bitkom Corona-Pandemie beschleunigt Digitalisierung der Verwaltung, 15. Oktober 2020, https://www.bitkom.org/Presse/Presseinformation/Corona-Pandemie-beschleunigt-Digitalisierung-der-Verwaltung (abgerufen am 3. Mai 2021).

284 Jens Fromm u.a.: E-Government in Deutschland: Vom Abstieg zum Aufstieg. ÖFIT-Whitepaper auf der Grundlage des Gutachtens „Bürokratieabbau durch Digitalisierung: Kosten und Nutzen von E-Government für Bürger und Verwal-

tung" im Auftrag des Nationalen Normenkontrollrat. Berlin: Kompetenzzentrum Öffentliche IT und Nationaler Normenkontrollrat 2015, S. 21.

285 Für die Berechnung bedanke ich mich bei Justus Lenz.

286 Vgl. Florian Hartleb: Montgelas 4.0. Der Freistaat Bayern auf dem Weg zu einem modernen E-Government? Ergebnisse einer repräsentativen Umfrage im Auftrag von Adobe Systems. Mit einem Vorwort von Alexandra Veh, München 2017, S. 10, https://www.adobe-newsroom.de/wp-content/uploads/2017/06/Studie_Montgelas-4.0.pdf (abgerufen am 16. Mai 2021). Die Erhebung fand zwischen dem 1. März und 15. Mai 2017 statt und wurde nach dem Behördenwegweiser an alle Ministerien, nachgeordnete Behörden, Rechenzentren, die sieben Regierungsbezirke, alle Landkreise sowie die 17 Städte mit über 50.000 Einwohnern verschickt. In diesem Sinne wurde in Vorabtelefonaten die besondere Relevanz des Themas in Bereichen wie Tourismus, Personal, Presseamt, Stabsstellen und der IT deutlich. Insgesamt beteiligten sich 71 Personen stellvertretend für die Behörde.

287 Vgl. Lorenz Mrohs: e-Governance: Staat und Digitalisierung dürfen nicht auseinanderdriften, in: Netzpolitik.org, 14. Mai 2019, https://netzpolitik.org/2019/e-governance-staat-und-digitalisierung-duerfen-nicht-auseinanderdriften/ (abgerufen am 16. Mai 2021).

288 Wissenschaftlicher Beitrag beim Bundesministerium für Wirtschaft und Energie: Digitalisierung in Deutschland – Lehren aus der Coronakrise, Berlin, März 2021, S. 22, https://www.bmwi.de/Redaktion/DE/Publikationen/Ministerium/Veroeffentlichung-Wissenschaftlicher-Beirat/gutachten-digitalisierung-in-deutschland.pdf?__blob=publicationFile&v=4 (abgerufen am 10. Juni 2021).

289 Vgl. Benedikt Becker: Warum der elektronische Personalausweis gefloppt ist, in: WirtschaftsWoche vom 13. November 2020, https://www.wiwo.de/politik/deutschland/digitalisierung-warum-der-elektronische-personalausweis-gefloppt-ist/26621934.html (abgerufen am 20. Mai 2021).

290 Vgl. hierzu beispielsweise die Website der Europäischen Kommission zum Single Digital Gateway, https://ec.europa.eu/growth/single-market/single-digital-gateway_en (abgerufen am 2. April 2021).

291 Zentrum Bayern Familie und Soziales: Antrag Online, https://www.zbfs.bayern.de/menschen-behinderung/ausweis/antrag/index.php (abgerufen am 10. Juni 2021).

292 Vgl. https://ozg.verdrusssache.de/ (abgerufen am 2. Juni 2021).

293 Vgl. Christian Wölbert: Die Coronakrise verdeutlicht die Schwächen der deutschen Bürokratie, in: heise.de vom 30. März 2020, https://www.heise.de/ct/artikel/Die-Coronakrise-verdeutlicht-die-Schwaechen-der-deutschen-Buerokratie-4688691.html (abgerufen am 2. Juni 2021).

294 Vgl. Mario Martini/Michael Wenzel: „Once only" versus „only once". Das Prinzip einmaliger Erfassung zwischen Zweckbindungsgrundsatz und Bürgerfreundlichkeit, in: DVBI 2017, S. 749-758.

295 Vgl. die Befürchtung ebd.

296 Vgl. zu ersten Vorarbeiten zur Frage der Übertragbarkeit Justus Lenz/Florian Hartleb: „X-Road für Deutschland. Lehren aus der estnischen Verwaltungsdigitalisierung", Friedrich-Naumann-Stiftung, Policy Paper, Gutachten, Berlin 2021.

297 Vgl. Javier Espinoza: EU set to unveil digital wallet fit for post-Covid life, Financial Times vom 1. Juni 2021, https://www.ft.com/content/0080a5ed-4717-4ba3-9415-111b6fc82dcf (abgerufen am 3. Juni 2021).

298 Margus Simson: Präsentation E-Estonia, Tallinn 2018 (Abdruck mit Genehmigung des Autors).

299 Persönliches Gespräch mit Priit Alamäe, Gründer und CEO von Nortal, am 14. Juni 2021.

300 Jetzt für morgen. Grün-Schwarzer Koalitionsvertrag, beschlossen im Mai 2021, Stuttgart, S. 60 f., https://www.baden-wuerttemberg.de/fileadmin/redaktion/dateien/PDF/210506_Koalitionsvertrag_2021-2026.pdf (abgerufen am 28. Mai 2021).

301 Empfehlung des Europäischen Parlaments und des Rates vom 18. Dezember 2006, Amtsblatt, Schlüsselkompetenzen des lebenslangen Lernens: https://eur-lex.europa.eu/legal-content/DE/TXT/?uri=celex:32006H0962 (abgerufen am 2. Juni 2021).

302 Vgl. Pressemitteilung des Niedersächsischen Kultusministeriums vom 04.02.2020; https://www.mk.niedersachsen.de/startseite/aktuelles/presseinformationen/informatik-wird-ab-dem-schuljahr-2023-2024-pflichtfach-weitere-qualifizierungskurse-fur-lehrkrafte-starten-184807.html (abgerufen am 2. Juli 2021).

303 Vgl. Ines Mergel: Kompetenzen für die digitale Transformation der Verwaltung, in: Innovative Verwaltung, (2020) 4, S. 34-36.

304 Vgl. Helen Margetts/Andre Naumann: Government as a Platform: What Can Estonia show the world?, Oxford Internet Institute, 2/2017, https://www.politics.ox.ac.uk/materials/publications/16061/government-as-a-platform.pdf (abgerufen am 2. April 2021).

305 Vgl. zur näheren Auseinandersetzung etwa Peter März/Heinrich Oberreuter (Hg.): Weichenstellung für Deutschland. Der Verfassungskonvent von Herrenchiemsee, München 1999.

306 In Südkorea zum Beispiel gab es ein entsprechendes Gesetz, das jedoch vom Verfassungsgericht 2012 wegen Verletzung des Rechts auf freie Rede für verfassungswidrig erklärt wurde; https://www.nytimes.com/2012/08/24/world/asia/south-korean-court-overturns-online-name-verification-law.html (angerufen am 20. Mai 2021). Eine zur Evaluation dieses Gesetzes durchgeführte Erhebung der koreanischen Kommunikationskommission zeigte zuvor, dass unerwünschte Inhalte, nur um 0,9 % zurückgegangen waren. Vgl. Kate Jee-hyung Kim: Lessons Learned from South Korea's Real-Name Policy, in: Korea IT-Times vom 15. Januar 2012, http://www.koreaittimes.com/news/articleView.html?idxno=19361 (abgerufen am 29. Mai 2021).

307 Persönliches Gespräch mit Priit Alamäe, Gründer und CEO von Nortal, am 14. Juni 2021.

308 So der populärwissenschaftliche Weltbesteller von Yuval Noah Harari: Homo Deus. Eine Geschichte von Morgen, München 2018.

309 Aleksandra Marcinkiewicz-Wilk: Homo technicus: A Man in the Information society, in: Edutainment, (2016) 1, S. 11-16.

310 Vgl. zu dieser Forderung auch Bernd Althusmann, Minister für Wirtschaft, Arbeit, Verkehr und Digitalisierung in Niedersachsen, Das dritte „D" – die Digitalisierung, in: Die Welt vom 27. Juli 2021, S. 2.